Rudolf Steiner

mit Selbstzeugnissen
und Bilddokumenten
dargestellt von
Christoph Lindenberg

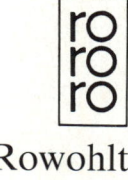

Rowohlt

Herausgeber: Wolfgang Müller
Redaktionsassistenz: Katrin Finkemeier
Umschlaggestaltung: Walter Hellmann
Vorderseite: Rudolf Steiner. Zeichnung von Otto Fröhlich,
um 1891 (Privatsammlung)
Rückseite: Das zweite Goetheanum, fertiggestellt 1928/29
(Foto: E. Gmelin, © Verlag am Goetheanum, Dornach)

Dieser Band ersetzt die 1963 erschienene
Steiner-Monographie von Johannes Hemleben

Originalausgabe
Veröffentlicht im Rowohlt Taschenbuch Verlag GmbH,
Reinbek bei Hamburg, Juli 1992
Copyright © 1992 by Rowohlt Taschenbuch Verlag GmbH,
Reinbek bei Hamburg
Alle Rechte an dieser Ausgabe vorbehalten
Satz Times PostScript Linotype Library, PM 4.0
Langosch Grafik+DTP, Hamburg
Gesamtherstellung Clausen & Bosse, Leck
Printed in Germany
1290-ISBN 3 499 50500 2

5. Auflage. 33. – 36. Tausend August 1997

Inhalt

1923

Der Anfang des Weges

Kindheit und Jugend

Rudolf Steiner war armer Leute Kind. Er hat von der Armut in seinem Elternhaus nie viel Aufhebens gemacht, meist erwähnt er die kärglichen Verhältnisse, in denen er aufwuchs, nur nebenher. Einmal jedoch, im Jahre 1919, als in einer Diskussion jemand, der die Armut nur vom Hörensagen kannte, allerlei von den Verhältnissen kleiner Postbeamter erzählte, brach es aus ihm hervor: ... *ich habe gelernt, den Proletarier dadurch zu verstehen, daß ich selber mit den Proletariern gelebt habe, daß ich herausgewachsen bin aus dem Proletariat, mit den Proletariern auch hungern lernte und mußte.*[1] Diese Herkunft unterscheidet Steiner von den meisten seiner berühmten oder bekannten Zeitgenossen, die gleich ihm um das Jahr 1860 in der Donaumonarchie geboren wurden: Sigmund Freud (1856), Edmund Husserl (1859), Gustav Mahler (1860), Theodor Herzl (1860), Arthur Schnitzler (1862) und Hermann Bahr (1863). Sie alle stammten aus bürgerlichen oder großbürgerlichen Verhältnissen, sie alle wuchsen wie selbstverständlich in die Kunst- und Bildungswelten der Spätzeit der Doppelmonarchie hinein, einige besuchten die vorzüglichen Wiener Gymnasien, die ihren Zöglingen jene ästhetisch-intellektuelle Kultur vermittelten, aus der dann die Wiener Moderne in all ihren Spielarten erwuchs. In der Familie Steiner hingegen gab es keine nennenswerten kulturellen Traditionen, kein Bücherregal und erst recht keinen Bücherschrank. Auch spielte die Religion keine Rolle, da sich der Vater als Freigeist verstand. So wuchs Steiner von kulturellen Einflüssen unbegünstigt und unbehelligt auf.

Steiner lebte bis zu seinem achtzehnten Jahr auf dem Lande, aber er war kein Landkind. Da sein Vater als Bahnbeamter immer wieder versetzt wurde, wurde er im dörflichen Milieu nicht heimisch. Schon als Zehnjähriger mußte er bemerken, daß er ein *Fremder im Dorfe*[2] war und nicht dazugehörte. Bahnhöfe waren die Stätten seiner Kindheit, und durch die Interessen seiner Umgebung wurde er immer wieder auf den Eisenbahnbetrieb gelenkt: *Es beschäftigten mich die Einrichtungen der Eisenbahn stark. Am Stationstelegraphen lernte ich die Gesetze der Elektrizitätslehre zunächst in der Anschauung kennen. Auch das Telegraphieren lernte ich schon als Knabe.*[3] Als er später die höhere Schule in der nahen Stadt besuchte, gehörte er als «Auswärtiger» auch nicht zur Klassengemeinschaft, und ins Dorf gehörte er erst recht nicht. So werden in der Autobiographie *Mein Lebensgang* keine Jugendfreunde und keine Bubenstreiche erwähnt. Ein Mitschüler erinnert sich: «Tatsächlich wurde er bei allen losen Streichen, die wir anderen ausheckten und wofür wir bestraft wurden, stets selbstverständlich überhaupt nicht genannt.»[4]

Begonnen hatte diese Isolierung und Heimatlosigkeit mit dem Entschluß des Vaters Johann Steiner (1829–1910), seinen geliebten Beruf als Jäger und Förster aufzugeben und in der Fremde sein Glück zu suchen, um Franziska Blie (1834–1918) heiraten zu können. Er fand eine Anstellung als Telegraphist bei der österreichischen Südbahn, die ihn Anfang Januar 1861 nach Kraljevec im heutigen Kroatien versetzte. Dort, fern von allen Verwandten und Freunden der Eltern, wurde Rudolf Steiner am 25. Februar 1861 geboren. Zwei Tage später, am 27. Februar, der gemeinhin als sein Geburtstag gilt, wurde er getauft. In den ersten Lebensjahren war der Knabe fast ausschließlich der Pflege seiner sehr schweigsamen Mutter anvertraut, da der Vater in der Regel drei Tage und drei Nächte ununterbrochen im Dienst war, bevor er – völlig erschöpft – für 24 Stunden abgelöst wurde. 1862 wurde der Vater nach Mödling versetzt, Anfang 1863 wurde er Stationsvorsteher in Pottschach an der Semmeringbahn. Hier in Pottschach, im freundlichen Tal der Schwarza, lag Steiners Kinderland; hier wurden Steiners Geschwister Leopoldine (1864–1927) und Gustav (1866–1941) geboren; hier ergaben sich für die Eltern freundschaftliche Beziehungen zu den Müllersleuten und zum Pfarrer des Nachbarorts St. Valentin, einem Original, das gerne, wie die «Honoratioren» von Pottschach, Ankunft und Abfahrt der Züge verfolgte. Steiner erinnert sich mit Vergnügen an die Landschaft, den Schneeberg, die Raxalpe und den Wechsel, die das Tal im Süden, Westen und Norden umschlossen, an die Felder, Hecken und Wälder im Tal, das vielleicht zu den *schönsten Flecken des österreichischen Landes*[5] gehörte. Die glückliche Zeit in Pottschach währte sechs Jahre. Dann wurde der Vater nach Neudörfl nahe Wiener Neustadt versetzt. Dort lebte die Familie wieder ganz für sich, ohne nennenswerte Kontakte mit der dörflichen Umwelt, zumal eine drückende Sorge der Familie Anlaß gab, sich eng zusammenzuschließen: Der Bruder Steiners, Gustav, war taubstumm und nicht vollsinnig, er bedurfte der ständigen Betreuung.

Der Weg, der unter den gegebenen Umständen aus dieser Lage heraus-

Bahnhof Pottschach, Niederösterreich. «Ich glaube, daß es für mein Leben bedeutsam war, in einer solchen Umgebung die Kindheit verlebt zu haben.» (GA 28, S. 10)

führen konnte, war das Lernen. Hier lag die Initiative schon in Pottschach zunächst beim Vater. *Mein Vater war darauf bedacht, daß ich früh lesen und schreiben lernte. Als ich das schulpflichtige Alter erreicht hatte, wurde ich in die Dorfschule geschickt.*[6] Allein der Vater legte auch Wert darauf, daß sein Sohn nicht verbogen werde: Als Steiner nach wenigen Wochen des Schulbesuchs wegen einer Tat, die er nicht begangen hatte, bestraft werden soll-

Der Vater. «... er hört gerne, was die anderen sagen; aber er handelt nach seinem eigenen, fest empfundenen Willen.» (GA 28, S. 31)

te, nahm er ihn kurzerhand aus der Schule und versuchte, ihn selbst neben seinen Amtsgeschäften zu unterrichten. Eine ähnliche Situation wiederholte sich in Neudörfl. *Als «Kirchenbub» leistete ich Dienst beim Messopfer, beim Nachmittagsgottesdienst, bei Leichenbegängnissen, bei Fronleichnamsfesten. Dieser Dienst nahm ein jähes Ende. Mehrere «Kirchenbuben», darunter auch ich, waren des Morgens zu spät zum Ministrieren gekommen. Diese alle sollten nun in der Schule Prügel bekommen. Ich hatte eine ganz unwiderstehliche Abneigung gegen solche und wußte mich derselben zu entziehen. Ich habe dieses Entziehen immer so durchgeführt, daß ich nie Prügel bekommen habe. Mein Vater aber war so entrüstet bei dem Gedanken, daß «sein Sohn» hätte geprügelt werden sollen, daß er sagte: «Jetzt ist es aus mit der Kirchendienerei. Du gehst mir nimmer hin.»*[7] In Neudörfl sorgte dann der Vater dafür, daß sein Sohn – zusammen mit anderen Dorfbuben – «Extrastunden» erhielt. Als nächstes ließ Johann Steiner seinen Sohn die höhere Schule in Wiener Neustadt besuchen. Das war nicht nur mit Einschränkungen für die Familie verbunden, sondern in den Kreisen, in denen man lebte, ganz außergewöhnlich. Schließlich dürfte es wiederum der Vater gewesen sein, der dem Sohn ein für Kinder von Südbahn-Angestellten bestimmtes Stipendium vermittelte, das Rudolf Steiner den Besuch der Technischen Hochschule in Wien ermöglichte.

Allerdings war Rudolf Steiner an alledem nicht unbeteiligt, er nutzte seine Chancen, wobei ihn seine künftige Karriere gar nicht, wohl aber seine Interessen und die Lust am Lernen motivierten. So wurde er von der dritten Klasse an «Vorzugsschüler», das heißt, die Eltern hatten kein Schulgeld mehr zu entrichten. Vom Oktober 1876 an mußte Steiner regelmäßig Nachhilfeunterricht geben, und er konnte damit *wenigstens ein*

Geringes zu dem beisteuern, was meine Eltern von ihrem kärglichen Einkommen für meine Ausbildung aufwenden mußten[8]. Der Nachhilfeunterricht war aber auch für Steiner selbst bedeutsam: *Ich verdanke diesem Nachhilfeunterricht sehr viel. Indem ich den aufgenommenen Unterrichtsstoff an Andere weiterzugeben hatte, erwachte ich gewissermaßen für ihn. Denn ich kann nicht anders sagen, als daß ich die Kenntnisse, die mir selbst von der Schule übermittelt wurden, wie in einem Lebenstraume aufnahm.*[9] Schließlich rechtfertigte Steiner die Aufwendungen seiner Eltern, indem er «mit Auszeichnung» maturierte und mit diesem Prädikat auch die Voraussetzung zur Gewährung eines Studienstipendiums erfüllte.

Charakteristischer als der Lerneifer des guten Schülers ist die Tatsache, daß Steiner, wo es irgend ging, sein eigener Lehrer war. Wenn das Wort Autodidakt nicht einen abschätzigen Beigeschmack hätte, könnte man sagen: Rudolf Steiner war ein leidenschaftlicher Autodidakt. Schon ganz früh fielen ihm die Bücher in die Hand, die Hinrich Borchert Lübsen zum Selbststudium der Infinitesimalrechnung geschrieben hatte, und er arbeitete sich so intensiv ein, daß er sein Mathematikstudium an der Technischen Hochschule Wien mit einem beachtlichen Vorsprung begann. Ebenso brachte er sich das Stenographieren bei; nach Aussage eines Klassenkameraden wurde er zu einem Stenographen, der mit jedem Vortragenden Schritt halten konnte. Da der Geschichtsunterricht in der Schule ebenso schlecht wie langweilig war, besorgte sich Steiner in einem Antiquariat zuerst Karl von Rottecks «Allgemeine Weltgeschichte», später Werke von Johannes von Müller und Tacitus. Begeistert las er die Dramen deutscher Klassiker, die ihm der Bahnarzt Carl Hickel auslieh. Als er herausfand, daß sein Deutschlehrer sich an der Philosophie Johann Friedrich Herbarts orientierte, verschaffte er sich das damals in Österreich viel gelesene «Lehrbuch der empirischen Psychologie» des Herbartianers Gustav Adolf Lindner – ein Buch, das auch Freud in die Psychologie einführte – und spickte seine Aufsätze zum Ärger des Lehrers mit der entsprechenden Terminologie.

Wie hoch Steiner die Bedeutung des Lernens für seine Jugend veranschlagt, läßt sich aus seiner Autobiographie erschließen: Dort schildert er seine Lehrer viel ausführlicher als seine Eltern. Die Lehrerporträts beginnen mit dem alten Dorfschullehrer in Pottschach, dem das *Schule-Halten eine lästige Beschäftigung war*[10], sie setzen sich fort in der Schilderung des Hilfslehrers in Neudörfl, Heinrich Gangl, der, ein vorzüglicher Zeichner, Steiner zum Zeichnen anhielt, bis zu den Lehrern an der Oberrealschule in Wiener Neustadt. Uneingeschränkte Anerkennung zollt er seinem Mathematik- und Physiklehrer. *Sein Unterricht war von einer außerordentlichen Geordnetheit und Durchsichtigkeit.*[11] Er war sein Ideal und Vorbild für sein mathematisches Denken. Ebenso rühmt er den Geometrie-

11

Rudolf Steiner (rechts) mit seiner Schwester Leopoldine, etwa 1867

lehrer. *Das Zeichnen mit Zirkel, Lineal und Dreieck wurde mir durch ihn zu einer Lieblingsbeschäftigung.*[12] Der Chemielehrer war *ein ausgezeichneter Mann. Er gab den Unterricht fast ausschließlich experimentierend. Er sprach wenig. Er ließ die Naturvorgänge für sich sprechen.*[13] In seiner Autobiographie schweigt Steiner über den miserablen Unterricht in den Fremdsprachen und in Naturgeschichte, dafür widmet er dem *gescheitesten Professor*[14], mit dem er auf Kriegsfuß stand, wieder längere Passagen. Insgesamt ergibt sich das Bild, daß Steiner durch die Realschule in Wiener Neustadt einen ausgezeichneten Zugang zur Mathematik und den exakten

Naturwissenschaften erhielt; Literatur, Geschichte – mit Ausnahme des Unterrichts in der letzten Klasse –, Sprachen und Biologie hingegen wurden ihm eher vermiest. *Aber ich versuchte mir diesen Unterricht durch alles das zu beleben, was ich ausserhalb desselben mir angeeignet hatte.*[15]

In die Kindheit und Jugend fallen auch Erlebnisse und Fragen, in denen man den Ansatz der späteren Anthroposophie erkennen kann. Am Beginn stand wahrscheinlich eine bestürzende okkulte Erfahrung des siebenjährigen Knaben. *Einen tiefen Eindruck machte auf den Knaben das folgende Erlebnis. Die Schwester meiner Mutter war auf tragische Art (Selbstmord) gestorben. Der Ort, an dem sie lebte, war ziemlich weit von dem unsrigen entfernt. Meine Eltern hatten keine Nachricht. Ich sah, sitzend im Wartesaal des Bahnhofs im Bilde das ganze Ereignis. Ich machte einige Andeutungen in Gegenwart meines Vaters und meiner Mutter. Sie sagten nur «Du bist a dummer Bua.» Nach einigen Tagen sah ich, wie mein Vater nachdenklich wurde durch einen erhaltenen Brief, wie er dann, ohne mein Beisein nach einigen Tagen mit meiner Mutter sprach und diese dann tagelang weinte. Von dem tragischen Ereignisse erfuhr ich erst nach Jahren.*[16]

Die Mutter. «Liebevolle Pflege ihrer Kinder und der kleinen Wirtschaft füllten ihre Tage aus.» (GA 28, S. 9)

Wichtig sind in diesem Zusammenhang zwei Tatsachen: Auch in einem zweiten Bericht über dieses Erlebnis bemerkt Steiner: *Der Knabe hatte niemanden in der Familie, zu dem er von so etwas hätte sprechen können, und zwar aus dem Grunde, weil er schon dazumal die herbsten Worte über seinen dummen Aberglauben hätte hören müssen.*[17] Das Kind mußte so mit dem bedrückenden Erlebnis allein fertig werden. Überdies scheint dieser Einbruch des Außernormalen der Auslöser einer kindlichen Hellsichtigkeit gewesen zu sein, denn Steiner berichtet, daß von jenem Ereignis an für den Knaben *ein Leben in der Seele*[18] anfing, dem sich die Geister, die in der Natur wirken, offenbarten.

Nun wäre es mehr als nur oberflächlich anzunehmen, daß diese vom Üblichen abweichenden Erfahrungen für ihn nur erfreulich gewesen wären. Wie sollte er seine Erlebnisse einordnen? Wie unterschied er sich von den Menschen, die er kannte? Träumte oder wachte er? Einen ersten Schritt zur Klärung solcher Fragen konnte er nach dem Umzug der Familie nach Neudörfl machen. Während der «Extrastunden» bei seinem Schulmeister Heinrich Gangl entdeckte er in dessen Zimmer ein Geometriebuch, das er entleihen durfte. *Mit Enthusiasmus machte ich mich darüber her. Wochenlang war meine Seele ganz erfüllt von der Kongruenz, der Ähnlichkeit von Dreiecken, Vierecken, Vielecken; ich zergrübelte mein Denken mit der Frage, wo sich eigentlich die Parallelen schneiden; der pythagoreische Lehrsatz bezauberte mich. Daß man seelisch in der Ausbildung rein innerlich angeschauter Formen leben könne, ohne Eindrücke der äußeren Sinne, das gereichte mir zur höchsten Befriedigung. Ich fand darin Trost für die Stimmung, die sich mir durch die unbeantworteten Fragen ergeben hatte. Rein im Geiste etwas erfassen zu können, das brachte mir inneres Glück. Ich weiß, daß ich an der Geometrie das Glück zuerst kennen gelernt habe.*[19]

In den klaren und überschaubaren Formen reiner geometrischer Gedanken gewann der Neunjährige jene innere Sicherheit, die sich selbst trug. Hier fand der Knabe geistig festen Boden, von dem aus er mit seinen übersinnlichen Erfahrungen fertig werden konnte. Im Laufe der Zeit bildete er sich eine Art kindlicher Weltanschauung. Er unterschied die Dinge und Vorgänge im äußeren Raum vom *Seelenraum, der der Schauplatz geistiger Wesenheiten und Vorgänge ist*[20]. Die Geometrie lieferte ihm nun die Rechtfertigung der Annahme einer geistigen Welt. *Ich wollte mir sagen können, das Erlebnis von der geistigen Welt ist ebensowenig eine Täuschung wie das von der Sinnenwelt. Bei der Geometrie sagte ich mir, hier darf man etwas wissen, was nur die Seele selbst durch ihre eigene Kraft erlebt; in diesem Gefühle fand ich die Rechtfertigung, von der geistigen Welt ebenso zu sprechen, wie von der sinnlichen... Ich hatte zwei Vorstellungen, die zwar unbestimmt waren, die aber schon vor meinem achten Lebensjahr in meinem Seelenleben eine große Rolle spielten. Ich unterschied Dinge und Wesenheiten, «die man sieht» und solche, «die man nicht sieht».*[21]

Dieses sehr einfache, zunächst mehr gefühlte als bewußt formulierte Weltbild des Kindes begegnete bald den Vorstellungen der modernen Weltanschauungen. Das begann scheinbar harmlos. Eines Tages erschien Franz Maráz, von 1863 bis 1873 Pfarrer in Neudörfl, in der Schule und

Franz Maráz, Pfarrer in Neudörfl.
«Unter den Menschen, die ich bis zu
meinem zehnten oder elften Jahr
kennenlernte, war er der weitaus
bedeutendste.» (GA 28, S. 24)

*versammelte die «reiferen» Schüler um sich, entfaltete eine Zeichnung, die
er gemacht hatte, und erklärte uns an ihr das kopernikanische Weltsystem.
Er sprach dabei sehr anschaulich über die Erdbewegung um die Sonne,
über die Achsendrehung, die schiefe Lage der Erdachse und über Sommer
und Winter, sowie über die Zonen der Erde. Ich war ganz von der Sache
hingenommen, zeichnete tagelang sie nach, bekam dann von dem Pfarrer
noch eine Spezialunterweisung über Sonnen- und Mondfinsternisse und
richtete damals und weiter alle meine Wißbegierde auf den Gegenstand.*[22]
Durch das kopernikanische System wurde Steiner erstmals mit einem
Weltbild konfrontiert, das das Sonnensystem und seine Mechanik wie
von außen beschreibt und zunächst im Widerspruch zur unmittelbaren
Erfahrung des menschlichen Erlebens steht. Etwa zwei Jahre später – er
besuchte bereits die Realschule in Wiener Neustadt – kam ihm der «Jah-
resbericht» der Schule (1873) in die Hand. Da stieß er auf einen Aufsatz
des Schuldirektors Heinrich Schramm: «Die Anziehungskraft betrachtet
als eine Wirkung der Bewegung». In diesem Aufsatz und einem Buch
«Die allgemeine Bewegung der Materie als Grundursache aller Naturerscheinungen», das Steiner bald erwarb, vertrat Schramm nun einen extrem konsequenten Atomismus, der jegliche in die Ferne gehende Kraft-
wirkung leugnete und sogar die Schwerkraft als «mystische» Hypothese
ablehnte. Schramm ging von zwei Axiomen aus: *«1. Es existiert ein Raum
und in diesem eine Bewegung durch längere Zeit. 2. Raum und Zeit sind*

15

Der Bahnhof von Neudörfl

kontinuierliche homogene Größen; die Materie aber besteht aus gesonderten Teilchen (Atomen).»[23] Der junge Steiner versuchte, in wiederholten Anläufen den Inhalt dieses Buches, das zum Teil in mathematischer Sprache geschrieben war, zu erfassen und wurde so mit einem Weltbild bekannt, in dem die schiere Bewegung von Atomen (von subatomaren Teilchen war zu jener Zeit noch keine Rede) als Ursache aller Naturerscheinungen vorgestellt wurde. Interessanterweise bemerkt nun Steiner in diesem Zusammenhang: *Es bildete sich mir eine Gedankenbrücke von den Lehren über das Weltgebäude, die ich von dem Pfarrer erhalten hatte, bis zum Inhalte dieses Aufsatzes.*[24] Er ahnte also etwas von der Gemeinsamkeit der beiden, rein mechanischen Weltbilder, und die geometrische Klarheit, in der sie entfaltet wurden, war ihm bedeutsam, denn gerade in

16

diesen Jahren erlebte er durch den Mathematik-, Physik- und Geometrieunterricht das Wohltuende der mathematischen Klarheit.

Für ihn entstanden damit Rätselfragen: er war sich eines selbständigen geistigen Erlebens bewußt – wie aber war dieses Erleben mit den ihm überlieferten, rein mechanischen Vorstellungen zusammenzubringen? Wie verhielt sich die Natur, die er naiv erlebte, zu diesen Vorstellungen und zu seinem eigenen Erleben? *Ich empfand, ich müsse an die Natur heran, um eine Stellung zur Geisteswelt zu gewinnen, die in selbstverständlicher Anschauung vor mir stand.*[25] Zunächst fand er keine Brücke zwischen diesen drei Elementen: dem inneren klaren Geist-Erleben, der tatsächlich vorhandenen Natur und den naturwissenschaftlichen Vorstellungen über die Natur.

Von solchen Fragen bewegt, entdeckte Steiner im Frühjahr 1877 in einer Buchhandlung die soeben erschienene Reclam-Ausgabe von Immanuel Kants «Kritik der reinen Vernunft». Von Kant wußte er damals nicht das geringste, aber er muß eine Vorstellung von dem, was das Wort Vernunft bedeutete, gehabt haben. *Ich strebte auf meine knabenhafte Art danach, zu verstehen, was menschliche Vernunft für einen wirklichen Einblick in das Wesen der Dinge zu leisten vermag.*[26] Nachdem er einige Wochen Kreuzer auf Kreuzer gelegt hatte, konnte er das Buch kaufen. Damit begann das Kant-Studium: in freien Stunden, während des extrem langweiligen Geschichtsunterrichts und in den Sommerferien wurde Kant gelesen. *Ich las wohl manche Seite mehr als zwanzigmal hintereinander.*[27] *Ich verhielt mich zu Kant damals ganz unkritisch, aber ich kam durch ihn nicht weiter.*[28] Denn Kant gab ihm auf seine Frage, wie das Denken wirklich an die Natur herankomme, keine befriedigende Antwort. Schon damals dürften für Steiner das Denken und die Erfahrung nicht einfach fertige Gegebenheiten gewesen sein, die man so, wie sie sind, hinzunehmen hat. Er fühlte, daß das Denken entwicklungsfähig sei und daß die Erfahrung immer weiter vertieft werden könne. So stieß er sich an Kants statischer Betrachtungsweise. *Aber ich merkte damals diesen Anstoß kaum. Ich empfand, daß das Denken zu einer Kraft ausgebildet werden könne, die die Dinge und Vorgänge der Welt wirklich in sich faßt. Ein «Stoff», der außerhalb des Denkens liegen bleibt, über den bloß «nachgedacht» wird, war mir ein unerträglicher Gedanke. Was in den Dingen ist, das muß in die Gedanken des Menschen hinein, das sagte ich mir immer wieder.*[29]

In diesen Gefühlen und Ahnungen des sechzehn- bis siebzehnjährigen Steiner kann man den Grundansatz seiner späteren Philosophie sehen. Der Ansatz besteht zunächst in der Frage: Welche Stellung hat das bewußte menschliche Erleben und das Denken in der Welt? Bei dem Versuch, sich diese Frage zu beantworten, hat sich Steiner offensichtlich auch auf die ihm entgegentretende materialistische Naturdeutung eingelassen

Rudolf Steiner
nach der Reifeprüfung 1879.
Unretuschierter Ausschnitt
mit Brille aus dem Foto
seiner Matura-Klasse

und sie keineswegs gleich abgewiesen. Drei Jahre nach dem Ende seiner Schulzeit schreibt er: *Ich habe einstmals mich ganz in die mechanisch-materialistische Naturauffassung hineingelebt, hätte auf ihre Wahrheit ebenso geschworen, wie es viele andere der Jetztzeit machen; aber ich habe auch die Widersprüche, die sich aus derselben ergeben, selbst durchlebt. Was ich vorbringe, ist daher nicht bloße Dialektik, sondern eigene innere Erfahrung.*[30] Diese Aussage kann sich nur auf die Schulzeit beziehen, da aus der späteren Zeit hinreichend deutliche Zeugnisse einer geistig-idealistischen Orientierung vorliegen. Wie Steiner sich als Schüler den Materialismus widerlegt hat, welche einzelnen Widersprüche er im Materialismus entdeckte, wissen wir nicht. Nur eines kann man mit Sicherheit sagen: Ihm war eine geistige Welt eine selbstverständliche Anschauung, ihm war klar, daß sich geistige Wahrheiten wie geometrische Anschauungen aus sich selbst begründen. Daß die materiellen Prozesse, die zu ihrer Vermittlung dienen, für den geistigen Inhalt weitgehend gleichgültig sind, konnte er sich am Telegraphen verdeutlichen: Der Inhalt eines Telegramms ist sein geistiger Gehalt, dieser bleibt derselbe, ob er auf Papier geschrieben, ob er durch den Morsetelegraphen oder durchs Telephon vermittelt wird. Das materielle Substrat, das die Botschaft transportiert, bestimmt den Inhalt nicht, sondern vermittelt ihn nur, mal durch Schallwellen, mal durch Elektrizität, mal durch Schriftzeichen. Aber in welchem Verhältnis steht diese Natur zum Geist – was ist Natur? Mit dieser Frage verließ der Maturant Steiner die Schule.

Die Wiener Zeit 1879–1890

Die Südbahn-Direktion war kulant. Zum 1. August 1879 versetzte sie Johann Steiner auf einen kleinen Bahnhof in der Nähe Wiens, damit sein Sohn von dort aus die k. k. Technische Hochschule besuchen könne. So kam Rudolf Steiner im August 1879 zum erstenmal nach Wien. Vom Südbahnhof kommend, überquerte er die Ringstraße, an der in jenen Jahren die in allen möglichen historisierenden Stilen errichteten Prachtbauten ihrer Fertigstellung entgegengingen. Sein Ziel aber waren die Buchhandlungen der Innenstadt. Hier erwarb er sich, wonach er sich schon lange sehnte: eine Reihe philosophischer Bücher. Die zwei Monate, die ihm bis zum Beginn des Studiums blieben, vergrub er sich in die Philosophie des deutschen Idealismus, von der in Österreich sonst kaum die Rede war. Namentlich von Johann Gottlieb Fichtes Wissenschaftslehre erhoffte er sich eine Rechtfertigung und Klärung seiner Erlebnisse und Gedanken. Sein besonderes Interesse richtete sich auf das menschliche «Ich» als dem Geist im Menschen. So galt seine Lektüre der «Grundlage der gesammten Wissenschaftslehre» weniger dem historischen Fichte als der Selbstklärung, und Steiner begann Fichtes Wissenschaftslehre für sich umzuschreiben. Dabei entdeckte er zunächst, daß das von Fichte postulierte «Ich» *immer und immer nach rückwärts entschlüpft, wenn man es zum Objekt der Betrachtung machen will*[31]. Aber, so sagte sich Fichte-Steiner, obwohl das aktuelle Ich nicht objektivierbar ist, kann man sich der geistigen, gedanklichen Tätigkeit doch bewußt werden: ... *wir können nicht wissen, was es ist, sondern nur was es tut. Das Ich ist durch sein Tätigsein*[32] gegeben. Das nächste Problem, das sich für Steiner stellte, war, von dem so gefaßten Ich den Übergang zur Welt zu finden. Hier scheiterte er. Das Fragment bricht ab. In seiner Autobiographie erinnert er sich: *Daß das «Ich», das selbst Geist ist, in einer Welt von Geistern lebt, war für mich unmittelbare Anschauung. Die Natur wollte aber in die erlebte Geisteswelt nicht herein.*[33] Natürlich sind solche Studien nicht unbedingt die angemessene Vorbereitung für den Studienbeginn an einer Technischen Hochschule, und hätte Steiner sich auf diese inneren Fragen beschränkt, so hätten sie ihn leicht stolpern lassen. Zum Glück aber hatte Steiner viele und weitgespannte Interessen, die ihn in das Wiener Leben hineinführten, und einen gesunden Menschenverstand, der ihm sagte, daß er sein *Brotstudium*[34] zunächst pflichtgemäß betreiben müsse – hing doch von den fünf Prüfungen, die er am Ende jedes Semesters zu absolvieren hatte, die Weiterzahlung seines Stipendiums ab.

Als mittelloser Student «vom Lande» kommend, konnte sich Steiner nur schritt- und ausschnittsweise in das Wiener Leben hineinfinden. Es gab viele Bereiche, die er dort nicht kennenlernen sollte: Die aristokratischen und industriellen Kreise blieben ihm ebenso verschlossen wie die Welt der Industriearbeiter. Noch weniger fand er den Weg zu den rauschenden Bällen oder in das Milieu der Operette, wo Johann Strauß seine Triumphe feierte. Zu den Dingen, die Steiner jedoch sehr bald zu verfolgen begann, gehörte das politische Leben in Wien. Kurz bevor er nach Wien kam, hatte ein politischer Wettersturz stattgefunden. Die Deutsch-Liberalen, die schon seit dem Wiener Börsenkrach vom Mai 1873 abgewirtschaftet hatten, erlitten im Sommer 1879 eine Wahlniederlage. Der Kaiser ernannte daraufhin am 12. August seinen Jugendfreund Eduard Graf Taaffe zum Ministerpräsidenten. Taaffe stützte sich auf eine Koalition von Polen, Tschechen und konservativen Katholiken, die – so empfand man es – gegen die deutschen Interessen regierte. Steiner verfolgte die sich verschärfenden Spannungen und Gegensätze. *Ich war damals bei*

Das Reichsratsgebäude in Wien, in dem Rudolf Steiner oft Parlamentsdebatten verfolgte

mancher interessanten Parlamentsdebatte auf der Galerie des österreichischen Abgeordneten- und Herrenhauses[35], wo sich die nationalen Konflikte entluden. Bald wurde er Mitglied, dann Bibliothekar und schließlich Vorsitzender der politisierenden Deutschen Lesehalle an der Technischen Hochschule. *Anregend und aufregend war vieles, was sich da unter der Jugend im Zusammenhang mit den Vorgängen im öffentlichen Leben Österreichs abspielte. Es war die Zeit, in der sich die nationalen Parteien in immer schärferer Ausprägung bildeten. Alles, was später in Österreich immer mehr zur Zerbröckelung des Reiches führte, konnte damals in seinen Keimen erlebt werden.*[36] An den traurigen Schicksalen mancher Studiengenossen verfolgte Steiner, wie der herrschende öffentliche Geist erst Hoffnungslosigkeit und dann einen tiefen lähmenden Pessimismus hervorrief, der manche Existenz scheitern ließ.[37] Das Wiener Kleinbürgertum aber reagierte bald mit jener spezifischen Aggressivität, die dann – etwa ab 1885 – den Nährboden des rassistischen Antisemitismus Georg von Schönerers und Karl Luegers bereitete.

Wien war nicht nur ein politisches Zentrum, sondern gerade in den achtziger Jahren wieder ein Zentrum der europäischen Musik. Hier lebten Johannes Brahms, Anton Bruckner und Hugo Wolf. In Wien fand die bisher weitgehend unerfüllte Sehnsucht Steiners nach Musik Erfüllung. Aus einigen Bemerkungen in seiner Autobiographie und an anderen Orten kann man entnehmen, daß er nicht selten Konzerte, Opern und Kammermusik gehört hat. Schon als Student nahm er an den damals leidenschaftlichen Kämpfen um Richard Wagner Anteil. Dabei griff Steiner die Wagnersche Musik scharf an: *Ich sprach von der Wagner'schen Barbarei, die das Grab alles wirklichen Musikverständnisses sei.*[38] Eine «Tristan»-Aufführung erschien ihm *ertötend langweilig*[39]. Seine Liebe galt der reinen Musik, *die nichts als Musik sein wollte*[40]. Welche spezifische Musik Steiner damit gemeint hat, muß offenbleiben, 1892 nennt er Ludwig van Beethoven seinen Lieblingskomponisten. Nach 1904 hat Steiner sich einige Male positiv über Wagners Intentionen geäußert, aber es dürfte bezeichnend sein, daß er im Rahmen der von ihm entwickelten Ton-Eurythmie viele choreographische Formen zu Bach, Beethoven, Brahms, Händel und Mozart geschaffen hat – zu Musikstücken von Wagner keine einzige!

Neben der Musik nahm in Wien noch ein anderes Thema das Interesse der gebildeteren Schichten im höchsten Maße in Anspruch und prägte die Vorstellungswelt: die Medizin. Die Wiener medizinische Fakultät galt damals als die bedeutendste der Welt. Sie arbeitete ganz im Sinne der modernen Naturwissenschaft und glänzte in Anatomie, Physiologie und Neurologie, die Instrumentarien der Diagnose wurden ständig verfeinert. Die Therapie trat völlig in den Hintergrund, vielfach wurde die Auffassung vertreten, die Natur müsse sich selber helfen. Man sprach deshalb vom «therapeutischen Nihilismus» der Wiener Schule. Steiner kam mit der Wiener medizinischen Schule mehrfach in Berührung, und diese Begegnungen waren für ihn wichtig. In Verbindung mit seinen Fragen über den Zusammenhang von Geist und Natur hospitierte er in medizinischen Vorlesungen, er dürfte Werke wie Theodor Meynerts «Psychiatrie. Klinik der Erkrankungen des Vorderhirns» studiert haben. Im Zusammenhang mit seinen Goethe-Arbeiten las er Joseph Hyrtls «Lehrbuch der Anatomie des Menschen». Nach 1884 lernte er als Hauslehrer im Hause Ladislaus Specht Josef Breuer kennen, der an der Wiege der Psychoanalyse gestanden hat-

Dr. Josef Breuer, der «ausgezeichnete Arzt» (GA 28, S. 195), der die entscheidende Entdeckung machte, die Sigmund Freud zur Ausbildung der Psychoanalyse anregte

te. Breuer war mit Pauline Specht befreundet, und Steiner durfte zeitweilig bei den Gesprächen zuhören, die Frau Specht mit Josef Breuer über medizinische Fragen führte. So erfuhr Steiner schon sehr früh etwas von der entstehenden Psychoanalyse, von Experimenten mit Hypnose, von den Versuchen mit Kokain, von hysterischen Erkrankungen und therapeutischen Verfahren.[41] Mit diesen Bemerkungen über das Wiener Milieu, in das Steiner hereinwuchs, sind wir jedoch in der Zeit weit vorausgeeilt. Kehren wir zu Steiners Werdegang zurück.

Vom Oktober 1879 bis zum August 1882 – also sechs Semester lang – studierte Steiner an der Technischen Hochschule Mathematik, Physik, analytische Mechanik, Zoologie, Mineralogie, Chemie, Botanik, Geologie, Literaturgeschichte und Staatsrecht. Er erledigte seine Fachstudien gewissenhaft, recht häufig erhielt er bei den Semestralprüfungen die Noten «vorzüglich» und «sehr gut», aber er studierte die mathematisch-naturwissenschaftlichen Fächer ohne große Begeisterung. Verehrung und persönliches Interesse weckte einzig der Physiker Edmund Reitlinger, der auch Geschichte der Physik vortrug. Da sich Steiner damals für *verpflichtet hielt, durch die Philosophie die Wahrheit zu suchen*[42], hörte er auch Philosophievorlesungen an der Universität. In jenen Jahren konnte er aber weder dem Formalismus des Herbartianers Robert Zimmermann noch der Ethik-Vorlesung Franz Brentanos etwas abgewinnen. Die Bedeutung Brentanos ist ihm erst Jahrzehnte später aufgegangen. Zimmermann blieb ihm zeitlebens unsympathisch.[43] Beiden Philosophen hat er in seiner Autobiographie freundliche Worte gewidmet, die aber insofern irreführend sind, als sie seiner Auffassung von 1924 entsprechen, nicht aber sein ursprüngliches Urteil widerspiegeln.

Der akademische Lehrer, der für Steiner die größte Bedeutung gewann, war Karl Julius Schröer. Schröer war, als Steiner ihn 1879 kennenlernte 54 Jahre alt. Als Mundartforscher und Volkskundler hatte er Feldforschung betrieben und war nun seit mehr als einem Jahrzehnt Professor für deutsche Literatur an der Technischen Hochschule. Schröer war ein Liebhaber Goethes, als Wissenschaftler von der Zunft wenig geachtet, in seinen Urteilen sehr persönlich. Im Wintersemester 1879/80 las Schröer über die deutsche Literatur nach dem ersten Auftreten Goethes und schilderte dramatisch, wie Goethe das deutsche Geistesleben revolutionierte. *Die Wärme seiner Behandlungsart, die begeisternde Art, wie er innerhalb der Vorlesungen aus den Dichtern vorlas, führten auf eine verinnerlichte Weise in die Dichtung ein.*[44] Für den Achtzehnjährigen war das eine Offenbarung. Goethe hatte er auf der Schule nur sehr oberflächlich kennengelernt, der «Faust» war ihm überhaupt ganz unbekannt geblieben, nun trat ihm durch Schröer ein Goethe entgegen, der nicht ein x-beliebiger Gegenstand der Literaturwissenschaft war, sondern eine ständig gegenwärtige geistige Instanz. Darüber hinaus war für Steiner die durch und

Karl Julius Schröer (1825–1900). «Ich hörte mit der allergrößten Sympathie alles, was von Schröer kam.» (GA 28, S. 92)

durch idealistische Grundhaltung Schröers entscheidend, weil sie zu umfassenden Überblicken führte. Das alles war ihm auf der Schule bisher nicht begegnet. So schrieb er 1881 an einen Freund: *Ich danke es Gott und einem guten Geschicke, daß ich hier in Wien einen Mann kennenlernte, der – nach Goethe selbstverständlich – sich als der beste Faustkenner rühmen darf, einen Mann, den ich hochschätze als Lehrer, als Gelehrten, als Dichter, als Menschen. Es ist Karl Julius Schröer.*[45] Bei seinen «Übungen im mündlichen Vortrag und schriftlicher Darstellung», die Steiner regelmäßig besuchte, muß das Auge Schröers früh auf den jungen Studenten gefallen sein, bei den Semestralprüfungen stellte sich heraus, daß der junge Mann «wohl gesattelt» sei, und irgendwann im Jahre 1880 ergab sich der persönliche Kontakt: Immer öfter durfte Steiner Schröer in seinem kleinen Studierzimmer in der Salesianergasse besuchen. *Ich erwarmte geistig, wenn ich bei ihm war. Ich durfte stundenlang an seiner Seite sitzen. Aus seinem begeisterten Herzen lebten in seiner mündlichen Darstellung die Weihnachtsspiele, der Geist der deutschen Mundarten, der Verlauf des literarischen Lebens auf.*[46] Durch Schröer wurden so die ersten Wiener Jahre Steiners eine Reise in die Zeit. In den freien Tagen und Nächten las er große Teile der klassischen und romantischen Literatur. Schröers enthusiastische Darstellung der Goethezeit, deren Nachklang er noch als junger Student in Deutschland erlebt hatte, überzeugte Steiner bald, daß die Goethezeit der Höhepunkt des deutschen Geisteslebens gewesen sei. Spiegelungen dieser Sicht finden sich immer wieder in seinen frühen Aufsätzen: *Die Kulturhöhe, auf der die Deutschen einst standen, erscheint uns heute nur mehr als ein Gewesenes, wir Jüngeren blicken mit Wehmut auf jene bessere Zeit zurück; scheint uns ja doch fast nichts anderes als die wenig tröstliche Aufgabe geblieben zu sein, die Totengräber und Denkmalsetzer jener großen Geister zu sein, die die gewaltige Epoche herbeiführten.*[47] Schröers Sicht entfremdete Steiner seiner Gegenwart; sie erschien ihm als bloße Epigonenzeit. Das Einseitige dieser Auffassung hat Steiner lange zu schaffen gemacht, erst in den neunziger Jahren hat er sich davon befreit. Zugleich aber kamen Schröers Deutung der Geistesgeschichte, die idealistische Auffassung der Goethezeit, Steiners eigenen geistigen Bedürfnissen entgegen, denn er suchte von sich aus nach einer Vertiefung der Weltauffassung, die er mit seinen inneren Erfahrungen in Einklang bringen konnte.

Weitgehend unabhängig von allen Begegnungen und Studien verfolgte Steiner seine eigenen philosophisch formulierten Fragen. Dabei ging es ihm zunächst weiter um das Problem des «Ich». Seine erste Beobachtung, daß das «Ich» immer *nach rückwärts entschlüpft*, wenn man es ins Auge fassen will, ließ ihn unbefriedigt. Was Steiner bewegte, hat Novalis ausgesprochen: «Die höchste Aufgabe der Bildung ist, sich seines transzendentalen Selbstes zu bemächtigen, das Ich seines Ichs zugleich zu sein. Umso weniger befremdlich ist der Mangel an vollständigem Sinn und Verstand für Andere. Ohne vollendetes Selbstverständnis wird man nie andere wahrhaft verstehen lernen.»[48] Seine Fragen führten Steiner von Fichte zu Friedrich Wilhelm Joseph Schelling. In dessen «Briefen über Dogmatismus und Kritizismus» (1795) fand Steiner eine Behauptung, die ihn faszinierte. Er berichtet in einem Brief vom 13. Januar 1881 einem Freund: *Es war die Nacht vom 10. auf den 11. Januar, in der ich keinen Augenblick schlief. Ich hatte mich bis 1/2 1 Uhr mitternachts mit einzelnen philosophischen Problemen beschäftigt, und da warf ich mich endlich auf mein Lager; mein Bestreben war voriges Jahr, zu erforschen, ob es denn wahr wäre, was Schelling sagt: «Uns allen wohnt ein geheimes, wunderbares Vermögen bei, uns aus dem Wechsel der Zeit in unser innerstes, von allem was von außen hinzukam entkleidetes Selbst zurückzuziehen und da unter der Form der Unwandelbarkeit das Ewige in uns anzuschauen.» Ich glaubte und glaube nun noch, jenes innerste Vermögen ganz klar an mir entdeckt zu haben – geahnt habe ich es ja schon längst –; die ganze idealistische Philosophie steht nun in einer wesentlich modifizierten Gestalt vor mir; was ist eine schlaflose Nacht gegen einen solchen Fund!*[49] Diese Selbst-Erfahrung unterscheidet sich von allen anderen Erfahrungen dadurch, daß sie das «Ich» nicht aus den Spiegelungen gedanklicher Tätigkeit erschließt, sondern seiner produzierenden Tätigkeit unmittelbar inne wird. Steiner beschreibt dieses Innewerden oft unter dem Bild des Erwachens: Man erwacht im Zentrum der eigenen, gedankenschaffenden Tätigkeit. Man könnte auch von einer Steigerung der Bewußtheit sprechen. In jeder Wissenschaft ist die Vorstellung einer erhöhten Bewußtheit keimhaft in der Forderung nach einem methodischen Vorgehen enthalten. Dieser Keim wird entfaltet, wenn die Methode selber reflektiert und in der Methodologie kritisch überprüft wird. Aber Methode und Methodologie allein genügen noch nicht: Erst wenn die aktuelle Gedankenproduktion in vollem Bewußtsein verläuft, ist jener Grad der Bewußtheit erreicht, der zum Ausgangspunkt eines wirklichen Erkennens werden kann.

Das Erkennen ist freilich nicht allein eine Sache des Denkens und der Gedanken. Es muß ein Übergang zur Wahrnehmung und zur Natur gefunden werden. Bei seinen Fichte-Studien 1879 war Steiner an diesem Punkt gescheitert. Hier wurde ihm nun auf unerwartete Weise eine seltsame Hilfe zuteil. Bei seinen regelmäßigen Bahnfahrten nach Wien lernte er einen Kräutersammler kennen, der ihn sofort geistig anzog, obwohl er seine Reden zunächst nicht verstand. *Man mußte gewissermaßen erst seinen «geistigen Dialekt» lernen.*[50] Nach und nach entdeckte Steiner, daß er von diesem gänzlich unverbildeten Mann, Felix Koguzki, viel lernen konnte. *Wenn man mit ihm zusammen war, konnte man tiefe Blicke in die Geheimnisse der Natur tun. Er trug auf dem Rücken sein Bündel Heilkräuter; aber*

in seinem Herzen trug er die Ergebnisse, die er aus der Geistigkeit der Natur bei seinem Sammeln gewonnen hatte.[51] Diese Begegnung verschärfte erneut die Frage nach einem Weg zur Natur, denn durch Felix Koguzki sprach die Naturgeistigkeit, aber Steiner suchte nicht Naturgeistigkeit oder Wissen, sondern den Weg vom selbstbewußten Ich zum Verstehen der Natur.

Etwa im Winter 1881/82, als Steiner 21 Jahre wurde, traf er auf seinen eigentlichen spirituellen Lehrer. Die bürgerliche Identität dieses Mannes ist unbekannt. Steiner äußert sich über ihn nur sehr spärlich. Jedenfalls ging es diesem Lehrer darum, *die regulären, systematischen Dinge anzuregen, mit denen man bekannt sein muß in der spirituellen Welt*[52]. Dies ge-

Felix Koguzki (1833–1909), der «Dürrkräutler», der Steiner ein «instinktives Wissen der Vorzeit» vermittelte (GA 28, S. 61)

schah in Ergänzung der Werke Fichtes, indem gezeigt wurde, wie dem vom Ich ausgehenden Strom des Denkens der Strom des Wahrnehmens und des realen Werdens entgegensteht. Damit erhielt Steiner den Schlüssel zur Lösung des Problems, das ihn bewegte, denn die Stufen des Werdens waren in diesem Zusammenhang der Weg von der Natur zum Geist. Die Ich-Tätigkeit hingegen führt über die Gedankenbeobachtung zu Naturprozessen und zur Gegenstandswahrnehmung. Nachdem diese Schulung einen Abschluß gefunden hatte, schrieb Steiner den Aufsatz *Einzig mögliche Kritik der atomistischen Begriffe*[53], in dem er die Vorstellungen von einer geistlosen, atomistischen Natur, in welcher die Atome Prinzip und Ursache aller Welterscheinungen sein sollen, zu widerlegen trachtete. Dort findet sich ein Satz, in dem sich die Konsequenz spiegelt, die Steiner für sich persönlich aus der Unterweisung durch den Lehrer zog: *Erst, wenn man einsieht, daß es Begriff und Idee ist, was die Wahrnehmung bietet, aber in wesentlich anderer Form als der von allem empirischen Gehalt befreiten des reinen Denkens, und daß diese Form das Ausschlaggebende ist, begreift man, daß man den Weg der Erfahrung einschlagen muß.*[54] In diesen Worten erkennt man, daß Steiner auf den Weg der Erfahrung gewiesen wurde. Es wurde ihm klar, daß neben der Vertiefung ins Denken eine ebensolche Vertiefung in die Wahrnehmungswelt erforderlich war.

In denselben Wochen, als Steiner diesen Aufsatz schrieb, kam Karl Julius Schröer auf einen tollkühnen Gedanken. Seit einigen Jahren arbeitete Schröer als Herausgeber der Dramen Goethes an der «Deutschen National-Litteratur», einer monumentalen Edition, mit. Er wußte, daß der Herausgeber Joseph Kürschner einen Bearbeiter für Goethes naturwissenschaftliche Schriften suchte. Nun schlug Schröer den einundzwanzigjährigen Studenten Steiner als Herausgeber vor. Anlaß war vielleicht die Tatsache, daß Steiner Schröer einige kleine Abhandlungen zur Optik vorgelegt hatte, in denen er am Ende sagte, von diesem Gesichtspunkt aus könne man Zugang zu Goethes Naturanschauung gewinnen. Nachdem Schröer sich verpflichtet hatte, den jungen Herausgeber zu betreuen, ging Kürschner auf Schröers Vorschlag ein. Erst gegen Ende August machte Schröer Steiner mit seinem Vorschlag bekannt. Steiner begann sogleich mit der Arbeit. Schon im September legte er Kürschner seinen Editionsplan vor. Dann ging Steiner mit einem wahren Feuereifer ans Werk, denn am 22. Februar 1883 lag sein Manuskript zum ersten Band Schröer zur Durchsicht vor. Für die Einleitungen und den umfangreichen Anmerkungsapparat hatte Steiner Berge von Literatur durchforschen müssen, und selbst wenn man in Rechnung stellt, daß Schröer die Arbeit in den nächsten Monaten nochmals überprüfte, hier und dort Hinweise gab und Verbesserungsvorschläge machte: die Leistung ist insgesamt erstaunlich, und als der Band 1884 erschien, fand er in der gelehrten Welt weithin Beifall. Steiner selbst hatte mit dieser Publikation wohl größere Hoffnungen auf eine wissenschaftliche Laufbahn verbunden. Im Oktober 1883 war er, ohne seine Studien beendet zu haben und ohne Abschlußexamen, aus der Technischen Hochschule ausgetreten. Er erhielt kein Stipendium mehr und mußte sich durch Privatunterricht seinen Unterhalt verdienen. Doch die Hoffnungen, die allgemeine Anerkennung seiner Goethe-Arbeit in eine Karriere ummünzen zu können, erfüllten sich nicht. Die Notwendigkeit, seinen Lebensunterhalt zu verdienen, zwang ihn, andere Aufgaben zu ergreifen. Im Juli 1884 trat er eine Stelle als «Hofmeister» im Hause des Baumwollimporteurs Ladislaus Specht an. Im Hause Specht hatte er vier Knaben zu erziehen, von denen der jüngste das Sorgenkind seiner Eltern war. Er galt als abnormal, und man zweifelte in *der Familie an seiner Bildungsfähigkeit.* Steiner schlug den Eltern vor, ihm den Knaben zur Erziehung zu überlassen. *Die Mutter des Knaben brachte dem Vorschlage Vertrauen entgegen, und dadurch konnte ich mir diese besondere pädagogische Aufgabe stellen.*[55] Steiner gewann die Zuneigung des Knaben und konnte dann äußerst behutsam mit Erziehung und Unter-

27

Rudolf Steiner,
um 1882

richt beginnen. *Diese Erziehungsaufgabe wurde für mich eine reiche Quelle des Lernens. Es eröffnete sich mir durch die Lehrpraxis, die ich anzuwenden hatte, ein Einblick in den Zusammenhang zwischen Geistig-Seelischem und Körperlichem im Menschen. Da machte ich mein eigentliches Studium in Physiologie und Psychologie durch. Ich wurde gewahr, wie Erziehung und Unterricht zu einer Kunst werden müssen, die in wirk-*

licher Menschenerkenntnis ihre Grundlage hat. Ein ökonomisches Prinzip hatte ich sorgfältig durchzuführen. Ich mußte mich oft für eine halbe Unterrichtsstunde zwei Stunden lang vorbereiten, um den Unterrichtsstoff so zu gestalten, daß ich dann in der geringsten Zeit und mit möglichst wenig Anspannung der geistigen und körperlichen Kräfte ein Höchstmaß der Leistungsfähigkeit des Knaben erreichen konnte.[56] Im Laufe der Zeit gelang es, den Knaben so zu fördern, daß er erst den Lehrstoff der Volksschule nachholen und dann das Gymnasium regulär absolvieren konnte.

Mit der Anstellung im Hause Specht war auch Rudolf Steiner geholfen. Nach anfänglichen Differenzen entstand namentlich mit Pauline Specht eine ungetrübte Freundschaft. Als Steiner Anfang 1887 schwer erkrankte, sorgte sie für seine Pflege. So berichtet Steiner: *Es wird mir von dieser Seite viel mehr zuteil, als ich eigentlich verdiene, und ich verdanke meine Gesundung nicht mir, sondern diesen ganz außerordentlich lieben Menschen. Die Frau des Hauses gehört zu den besten Frauen, die ich überhaupt kennengelernt habe.*[57]

Pauline Specht (1846–1916). «Es gab eine Zeit, wo ich das tiefste Bedürfnis hatte, alles, was mir nahe ging, mit ihr zu besprechen.» (GA 28, S. 191)

Mit Frau Specht konnte Steiner seine wissenschaftlichen und anderen Arbeiten besprechen. *Es gab eine Zeit, wo ich das Bedürfnis hatte, alles was mir nahe ging, mit ihr zu besprechen.*[58] Darüber hinaus ließ die Stellung im Hause Specht Steiner genügend Zeit, seine eigenen Arbeiten zu fördern und eine ausgedehnte Geselligkeit zu pflegen. Es fällt auf, daß Steiner in sehr unterschiedlichen Kreisen verkehrte; neben einem Kreis gleichaltriger Freunde und Zechgenossen ist zunächst als allgemeiner Treffpunkt das Café Griensteidl zu nennen, das Steiner zeitweilig täglich besuchte. Hier tra-

Marie Eugenie delle Grazie (1864–1931). «... der Inhalt ihrer Ideen war das Gegenbild alles dessen, was mir als Anschauung von der Welt vor dem Geiste stand.» (GA 28, S. 122)

fen sich Literaten und linksstehende Politiker, hier wurden nie endende Debatten über soziale und literarische Fragen geführt. Das wurde für Steiner zum ersten Anlaß, sich mit Karl Marx und Friedrich Engels zu befassen. Auf ganz andere Weise gelangte Steiner in einen Kreis katholischer Theologieprofessoren. In Wien glaubte man damals, ein dichterisches Genie entdeckt zu haben. Es war die heute zu Recht vergessene Dichterin Marie Eugenie delle Grazie. Als Neunzehnjährige hatte delle Grazie «Hermann. Deutsches Heldengedicht in zwölf Gesängen» erscheinen lassen, 1885 war eine Tragödie «Saul» gefolgt. Im Frühjahr 1886 erhielt Steiner eine Einladung zum «jour fixe» der delle Grazie, sie las aus ihrem Epos «Robespierre». Wie Steiner meinte, *Szenen von hohem dichterischen Schwung, aber in pessimistischem Grundton, von farbenreichem Naturalismus*[59]. Ein Gedicht, das die Natur als unerbittliche Macht schildert und allen menschlichen Idealen Hohn spricht, erregte Steiner besonders. Er verfaßte ein Sendschreiben an delle Grazie: *Die Natur und unsere Ideale*. In diesem Sendschreiben stellte er dem Pessimismus der delle Grazie seine Auffassung entgegen: *Wo bliebe die göttliche Freiheit, wenn die Natur uns, gleich unmündigen Kindern, am Gängelbande führend, hegte und pflegte?*

Nein, sie muß uns alles versagen, damit, wenn uns Glück wird, dieses ganz das Erzeugnis unseres freien Selbstes ist! Zerstöre die Natur täglich, was wir bilden, auf daß wir uns täglich aufs neue des Schaffens freuen können! Wir wollen nichts der Natur, uns selbst alles verdanken! [60] Von nun an war Steiner häufiger Gast bei delle Grazie, die im Hause des katholischen Priesters und Philosophieprofessors Laurenz Müllner lebte. Zu den Besuchsabenden erschienen Theologen, Dichter, Komponisten, Bildhauer. *Delle Grazies Haus war eine Stätte, in der der Pessimismus mit unmittelbarer Lebenskraft sich offenbarte, eine Stätte des Anti-Goetheanismus. Man hörte immer an, wenn ich über Goethe sprach; doch war Laurenz Müllner der Ansicht, daß ich Goethe Dinge andichtete, die eigentlich mit dem wirklichen Minister des Großherzogs Karl August nicht viel zu tun haben. Trotzdem war für mich jeder Besuch in diesem Hause – und ich wußte, daß man mich dort gerne sah – etwas, dem ich Unsägliches verdanke; ich fühlte mich in einer geistigen Atmosphäre, die mir wahrhaft wohltat.* [61] Hier muß man sich fragen, warum ihm die Gespräche an dieser Stätte des Anti-Goetheanismus eine wahre Wohltat war. Bisher hatte sich Steiner sehr eng an Karl Julius Schröer, der sich hauptsächlich mit Goethe beschäftigte, angeschlossen. Nun trat er in einen Kreis, in dem die Werke Fjodor Dostojewskis und Leopold von Sacher-Masochs diskutiert wurden, in dem Dichter und Dichterinnen aus ihren Werken lasen. Vor allem aber bewunderte Steiner delle Grazie, die mutig die pessimistischen Konsequenzen aus dem naturwissenschaftlich gedachten Materialismus zog. Neben dem Zeitgenössischen trat durch die katholischen Theologen die scholastische Philosophie auf. Der Thomas-Biograph Karl Werner wurde in diesem Kreis hymnisch gefeiert, und Steiner hatte Gelegenheit, auf dem Heimweg vom Wiener Cottage, wo delle Grazie wohnte, viele Gespräche mit dem grundgelehrten Zisterzienserpater Professor Wilhelm Neumann zu führen. Da ging es dann um Christologie und Dogmatik, und Steiner war von der feinsinnigen und liberalen Theologie, die durch Neumann zu ihm sprach, fasziniert. Von nun an wurde Thomas von Aquin ein Thema, zu dem er immer wieder zurückkehren sollte. In jedem Falle war der Verkehr in diesem Kreis für Steiner eine mehrfache Erweiterung seines Gesichtskreises und eine Befreiung aus einer bloßen Verherrlichung vergangener Größe.

Von den weiteren Kreisen, die sich Steiner in Wien öffneten, sei nur noch einer genannt: die Gruppe der Wiener Theosophen. 1875 hatte Helena Petrowna Blavatsky mit Henry Steel Olcott in New York die Theosophische Gesellschaft gegründet. Mitte der achtziger Jahre war sie nach allerlei Verwicklungen aus Indien nach Europa zurückgekehrt. Damals wurde in Wien eine Loge der Theosophischen Gesellschaft begründet, deren Haupt Friedrich Eckstein war. Eckstein hatte im Winter 1886/87 Frau Blavatsky in Ostende besucht und konnte in Wien aus erster Hand über die Theosophie berichten. Bald stellte sich ein anderer Vertrauter der Blavatsky, der sie schon aus Indien kannte, in Wien ein: Franz Hartmann, später einer der prominentesten deutschen Theosophen. Der gesellschaftliche Mittelpunkt des theosophischen Kreises in Wien aber war Marie Lang, eine der frühen Vorkämpferinnen der Frauenrechte. Wie Steiner in diesen Kreis gekommen ist, hat er nicht berichtet: Wahrscheinlich hat er von sich aus den Kontakt mit den Theosophen gesucht. Sein Verhältnis zur Theosophie war zwiespältig und änderte sich innerhalb weniger Monate. In Eckstein, dem Gleichaltrigen, sah er einen profunden Kenner der alten Symbolik, mit dem er sich vielfach beriet. 1891 erwähnt er *das mystische Element, in dem ich eine zeitlang in Wien fast besorgniserregend geschwommen habe*[62]. Andererseits berichtet Rosa Mayreder, der Steiner im Frühjahr 1890 in diesem Kreis begegnete, über ihn: «Da ich ihn für einen überzeugten Theosophen hielt, vermied ich anfänglich, das Gespräch auf diesen Punkt zu lenken; allmählich aber stellte sich heraus, daß er seinerseits dasselbe von mir glaubte und aus demselben Grunde der Theosophie im Gespräch ausgewichen war. Auch er hatte sich in diesem Kreise nur mit dieser geistigen Richtung näher bekannt machen wollen, stand ihr aber viel feindlicher gegenüber als ich ... er erklärte sie rundweg als eine Schwachgeistigkeit und ermahnte mich dringend, mich gründlich von ihr abzuwenden, da sie immerhin Gefahren für die geistige Entwicklung mit sich bringe.»[63] So lassen die vorliegenden Zeugnisse vermuten, daß das intensivere Verhältnis zur Theosophie und den Wiener Theosophen nur einige Monate gedauert hat. Im Sommer 1890 jedenfalls, als die Freundschaft mit Rosa Mayreder begann, hatte er der Theosophie und der Mystik auf ein Jahrzehnt Lebewohl gesagt und war wieder ganz in den Gedankenkreis seiner Freiheitsphilosophie eingetaucht. In Rosa Mayreder, deren Werk heute in der feministischen Bewegung wieder aktu-

Friedrich Eckstein (1861–1939), der ausgezeichnete Kenner des alten Wissens und seiner Symbolik

Rosa Mayreder
(1858 –1938). In den
Jahren von 1890–1896
wichtigste Gesprächs-
partnerin Steiners in
philosophischen Fragen.
«Sie hat einen Teil der
innerlichen Einsamkeit,
in der ich gelebt habe,
von mir hinweggenom-
men.» (GA 28, S. 161)

ell geworden ist, fand er die Gesprächspartnerin, mit der er diese Fragen
vertiefen konnte. Rosa Mayreder erinnert sich: «Seine Anschauungen
über die Freiheit der Persönlichkeit stimmten völlig mit dem überein, was
ich selber erstrebte, und er war es, der mir in seinen ersten philosophischen
Schriften zu völliger Klarheit darüber verhalf.»[64]

Innere Entwicklung

Während der Wiener Jahre, in denen Steiner als Hauslehrer tätig war, sich
als Redakteur und Theaterkritiker versuchte und den regsten gesellschaftlichen Verkehr in den unterschiedlichsten Kreisen pflegte, bildete
er im stillen die Gedanken aus, die zur Grundlage der Anthroposophie
wurden. Will man diese Entwicklung verfolgen, so muß man nochmals
ins Jahr 1882 zurückgehen und von dort ausgehend die Schritte Steiners
verfolgen.

Sein okkulter Lehrer hatte ihm gezeigt, daß er nach der intensiven Beschäftigung mit den Rätseln des Ich nur auf dem *Weg der Erfahrung* vorankommen werde. Noch bevor die Aufgabe, Goethes naturwissenschaftliche Schriften herauszugeben, an ihn herantrat, begann er, sich mit dem Licht zu befassen. Dabei gelangte er zu der Auffassung, daß in der sinnlich-gegenständlichen Welt nur die Spuren des Lichts – beleuchtete und leuchtende Körper und Farben – wahrgenommen werden. Diese sieht man durch das Licht, dank des Lichtes, aber das Licht selber sieht man nicht. Dieser Gedanke, der auch bei Fichte auftritt, aber dort metaphysisch beansprucht wird, hat eine wichtige Funktion auf dem Weg zur Erfahrung. *In den Anschauungen, die ich über physikalische Optik gewann, schien sich mir die Brücke zu bauen von den Einsichten in die geistige Welt zu denen, die aus der naturwissenschaftlichen Forschung kommen. Ich empfand damals die Notwendigkeit, durch eigenes Gestalten gewisser optischer Experimente die Gedanken, die ich über das Wesen des Lichtes und der Farben ausgebildet hatte, an der sinnlichen Erfahrung zu prüfen*[65], und er kommt zu dem Resultat: *Ich wurde gewahr, wie alles derartige Experimentieren nur ein Herstellen von Tatsachen «am Lichte» – um einen Goethe'schen Ausdruck zu gebrauchen – sei, nicht ein Experimentieren «mit dem Lichte» selbst. Damit aber war für mich das Licht aus der Reihe der eigentlich physikalischen Wesenhaftigkeiten ausgeschieden. Es stellte sich als eine Zwischenstufe dar zwischen den für die Sinne faßbaren Wesenhaftigkeiten und den im Geiste anschaubaren.*[66] Man würde Steiner mißverstehen, wenn man diese Aussagen anders als naturwissenschaftlich deuten würde. Es handelt sich hier für ihn nicht um eine Licht-Metaphorik oder Licht-Metaphysik im Sinne der Gnosis oder des Neuplatonismus, sondern um das Licht, das die Dinge sichtbar macht, selbst jedoch nicht gesehen wird.

Der zweite Schritt auf dem *Wege der Erfahrung* führte Steiner zur Gestalt. Konkret erscheint die Gestalt als Mensch, Tier oder Pflanze. Aber die Gestalt als solche gehört nicht dem sinnenfälligen Einzelwesen an, sie wird innerhalb der Art vererbt und ist ein Prinzip höherer Ordnung, die Gestalt wirkt in den Raum hinein, aber sie entfaltet und verwandelt sich gesetzmäßig in der Zeit. Die Gestalt (der Typus) ist also einerseits ein sinnlich Erscheinendes, das aus räumlich-zeitlichen Elementen besteht, andererseits ist der Typus eine Idee, die nur durch ideelle Anschauung erfaßt wird. In der Welt der lebendigen Gestalten sah Steiner deshalb eine zweite Brücke, die vom Übersinnlichen ins Sinnliche führt. *Ich kam auf die sinnlich-übersinnliche Form, von der Goethe spricht, und die sich sowohl für eine wahrhaft naturgemäße wie auch geistgemäße Anschauung zwischen das Sinnlich-Erfaßbare und das Geistig-Anschaubare einschiebt.*[67] Dabei fiel Steiners Blick aber sogleich auf die verschiedene Art, in der sich das geistig-seelische Übersinnliche durch den Menschen offenbart: Im Kopf prägt sich das Übersinnliche physiognomisch im Physischen deutlich aus, in den rhythmischen Prozessen wirkt es noch als Zeitgestalt, im Stoffwechsel und in den Gliedmaßen jedoch entzieht es sich der sinnlichen Anschauung. Diese vom Üblichen weitab liegenden Betrachtungen führten Steiner in den Fragen, die ihn am meisten bewegten, zu völliger Vereinsamung. *Ich fand damals niemanden, zu dem ich von diesen Anschauungen hätte sprechen können. Deutete ich da oder dort etwas von ihnen an, so sah man sie als das Ergebnis einer philosophischen Idee an, während ich doch gewiß war, daß sie sich mir aus einer vorurteilsfreien anatomischen und physiologischen Erfahrungserkenntnis heraus geoffenbart hatten.*[68] In dieser inneren Situation traf Steiner im Sommer 1882 der Auftrag, Goethes naturwissenschaftliche Schriften herauszugeben. Diese Begegnung mit Goethe wurde zu einer Erlösung aus der Einsamkeit.

Für den aus den Höhen der philosophischen Reflexion herabsteigenden, um Realität bemühten Steiner war Goethe der Gegenpol, der Erfahrungsmensch par excellence, der mit Weltkenntnis gesättigte Beobachter, der Abstraktion und Theorie perhorreszierte, der die Empirie zu sublimieren, aber nie zu transzendieren bestrebt war. Steiner fiel es in jenen Jahren – so sein eigenes Zeugnis – schwer, den Sinn für das Faktische und Einzelne zu entwickeln, während er sich mit Leichtigkeit in gedanklichen Welten bewegte. Goethes Forschungen brachten ihm alles entgegen, was ihm fehlte: die Fülle der Einzelheiten, das Genie der Erfahrung.

In den Augen Steiners erschien Goethe als jener Forscher, durch den sich die Natur selbst ausspricht und der der Natur nirgendwo Gewalt antut: Er sieht ihn zunächst in der «Farbenlehre» als den treuen Beobachter, der das Reich der Erscheinungen durchwandert, indem er Phänomen an Phänomen reiht, der Versuche in lückenloser Kette durchführte und immer nur das nächste an das nächste reiht, der nie schnelle Schlüsse zieht und dessen Gedanken Summe und Resultat der Erfahrungen sind. Sodann blickt er auf den Morphologen Goethe, der die Gestaltungsprinzipien der Spezies durch die verschiedenen Stufen des Werdens und unter verschiedenen Einwirkungen verfolgt, bis ihm der Typus der Pflanze überhaupt als sinnlich-übersinnliche Gestalt vor Augen steht. Im Gegensatz zur modernen Naturwissenschaft, die reduktionistisch vorgeht und ein hinter den Phänomenen Vermutetes zu berechnen und technisch zu ergreifen trachtet, die Atome, Elementarteilchen und Gene beschießen und manipulieren will, meint Goethe, daß die Gegenstände, recht beschaut, sich selber aussprechen: «Das Höchste wäre, zu begreifen, daß alles Faktische schon Theorie ist. Die Bläue des Himmels offenbart uns das Grundgesetz der Chromatik. Man suche nur nichts hinter den Phänomenen; sie selber sind die Lehre.»[69] In diesem Sinne erkennt Goethe in den einfachen Erscheinungen, das heißt in den Erscheinungen, in denen sichtbar nur wenige Faktoren zusammenwirken, die Urphänomene: Das Blau des Himmels oder der fernen Berge erscheint dort, wo wir das Finster-Dunkle durch den sonnerhellten Raum sehen und schauend begreifen, wie Licht und Finsternis zusammenwirken. Das Denken hat hier keine andere Aufgabe, als zu begreifen und auszusprechen, was es im Schauen sieht. Von den so begriffenen Urphänomenen ausgehend, können die komplexeren Erscheinungen verstanden werden. Das Bedeutsame an dieser Goetheschen Methode in Farbenlehre und Organik ist, daß sie die eleganteste Lösung des uralten Problems der Vermittlung von Denken und Wahrnehmung enthält. Sie produziert nicht, wie andere Methoden es tun, jene Widersprüche, die sich bei der Vermittlung einer a priori gefaßten Theorie mit einer hinter den Phänomenen vorgestellten Realität ergeben. Für Steiner aber war in dieser Methode zugleich die Lösung der Frage gegeben, die ihn in den Wiener Jahren bewegte: Wie findet das geistig gedachte Ich den Weg zur Welt der Naturerscheinungen? Er konnte sich jetzt sagen, daß die Isolierung des Ich nichts Ursprüngliches, sondern nur die notwendige Beigabe des Selbstbewußtseins ist, das auf sich selbst reflektiert. Das Selbstbewußtsein steigt aber aus dem Bewußtsein, aus dem Erleben und Leben auf, es steht nicht jenseits der Welt, es ist das Ergebnis der Evolution, und es steht nur vor der Aufgabe, denkend den Weg zur Natur wieder zu finden, aus der es geboren ist und von der es sich auf dem Weg der Selbstfindung gelöst hat. Auch hier fand Steiner Hilfe und Wegleitung bei Goethe. Immer wieder zitiert er jene Stelle aus Goethes Aufsatz über Winckelmann, in der Goethe sich über den Zusammenhang des Menschen mit der Natur ausspricht: «Wenn die gesunde Natur des Menschen als ein Ganzes wirkt, wenn er sich in der Welt als in einem großen, schönen, würdigen und werten Ganzen fühlt, wenn das harmonische Behagen ihm ein reines, freies Entzücken gewährt – dann würde das Weltall, wenn es sich selbst empfinden könnte, als an sein Ziel gelangt aufjauchzen und den Gipfel des eigenen Werdens und Wesens bewundern.»[70] Der in diesem Sinne sich verstehende Mensch kann das Organ sein, durch das die Welt sich bewußt wird, erkennt und ausspricht. Ein solches Erkennen gelingt nur dann, wenn man der Natur keine Gewalt antut, indem man sie auf die Folter künstlicher Experimente spannt, sondern ihren Wegen nachgeht, ihr Schaffen nachschafft. Dieses Vorgehen läßt sich am besten an Goethes Forschungen zur Morphologie, der Organik, darstellen, deshalb wandte sich Steiner zunächst der Morphologie zu.

In der Einleitung zum ersten Band von Goethes naturwissenschaftlichen Schriften zeichnet Steiner Goethes Weg in die Organik nach. Am Anfang dieses Weges steht das «Gewahrwerden der wesentlichen Form, mit der die Natur gleichsam nur immer spielt und spielend das mannigfaltige Leben hervorbringt»[71]. Die italienische Reise gibt Goethe Gelegenheit, sich im Anschauen der sich ständig wandelnden Äußerungen der Form zu üben, und schließlich gelingt es ihm, das Gesetzmäßige der Gestaltbildungen aus dem Typus zu begreifen. Was Goethe so entwickelte, war ein anschauendes Denken, welches in den einzelnen Erscheinungen das Ganze schaut. Steiner kommentiert: *Was wir anschauen, ist nicht mehr verschieden von dem, wodurch wir das Angeschaute denken, wir schauen den Begriff als Idee selbst an. Daher nennt Goethe das Vermögen, wodurch wir die organische Natur begreifen, «anschauende Urteilskraft»*.[72] Für Steiner hatte diese anschauende Urteilskraft, die er im Anschluß an Baruch de Spinoza die intuitive Erkenntnis nannte, eine doppelte Schlüsselfunktion: Einerseits handelt es sich bei der intuitiven Erkenntnis um eine zu entwickelnde höhere Erkenntnis, die durch bewußtes Nachschaffen einer «immer schaffenden Natur»[73] erworben wird, zum anderen wird durch die «produktive Einbildungskraft»[74] das Geistige in der Natur geschaut. Schiller hatte, als Goethe ihm diese Gedanken vortrug, eingewandt: «Das ist keine Erfahrung, das ist eine Idee.» Goethe, einigermaßen verdrießlich, erwiderte daraufhin: «Das kann mir sehr lieb sein, daß ich Ideen habe, ohne es zu wissen, und sie sogar mit Augen sehe.»[75] Steiner gesteht in seinem Kommentar zu, daß der von Goethe gefaßte Typus ideeller Natur sei, aber er beharrt mit Goethe darauf, daß diese «Idee» eine «Erfahrung» sei. Goethe *«sah» geistig das Ganze, wie er sinnlich die Einzelheit sah. Und er gab keinen prinzipiellen Unterschied zu zwischen der geistigen und sinnlichen Anschauung, sondern nur einen Übergang von der einen zur anderen.*[76] In diesem Sinne war Goethe für Steiner der Bürge für die Realität einer gesteigerten, einer höheren Erkenntnis.

Das zweite Problem, das Steiner in seinen Wiener Jahren besonders bewegte, war das Problem der Materie. Ihm war deutlich, daß man es in der Naturphilosophie mit der als Atomkugeln vorgestellten Materie nicht mit der Materie, sondern bloß mit Vorstellungen von der Materie zu tun hat, die dadurch zustande kommen, daß man die operativen Begriffe einer mathematischen Physik mit Elementen der sinnlichen Erfahrung ausstattet. Ihm war auch klar, daß man in der Physik atomistische Vorstellung mit Gewinn anwenden kann, aber er hielt dafür, daß es philosophisch nicht statthaft sei, Elemente der sinnlichen Erfahrung auf prinzipiell sinnlich nicht wahrnehmbare Elemente zu übertragen und diese dann als Grundursache der Erscheinungen anzusehen. Er sagte sich: Alle Naturwissenschaft geht von dem sinnlich unmittelbar Gegebenen, von Licht und Ton, von Wärme und Bewegung, von Druck und Gewicht aus. Sie gelangt durch mathematische, messende und experimentierende Verfahren zu Relationen und stellt fest, in welchen Verhältnissen sich die sinnlichen Gegebenheiten ineinander verwandeln: unter welchen Bedingungen Wärme zu Bewegung, wie Bewegung zu Ton wird. Dabei darf aber nie vergessen werden, daß die unmittelbaren Sinnesdaten Ausgangspunkt und Basis aller Untersuchungen sind. Dies gilt insbesondere für die Untersuchung der menschlichen Sinne: Alle Kenntnisse, die wir über die Sinne gewinnen, ruhen letztlich auf sinnlicher Erfahrung auf. Kommt man zu einem Untersuchungsergebnis, das die Sinneserfahrung als Täuschung herausstellt, so entzieht man der eigenen Untersuchung den Boden: Man muß die Daten falsch interpretiert haben, wenn man sie erst beansprucht und dann leugnet. Auch fehlt in den bekannten Argumentationen, die nachweisen wollen, daß die Sinnesempfindungen Illusion sind, regelmäßig das letzte Glied in der Beweiskette: Nirgendwo kann aufgezeigt werden, wie die physikalischen, chemischen, elektrischen Vorgänge – beispielsweise im Gehirn - in eine bewußte Empfindung verwandelt werden. In Wirklichkeit geht man zum Beispiel bei der Untersuchung des Tons vom Ton aus und findet, daß der Ton in jedem Medium, das ihn vermittelt (Nerv, Ohr, Luft, Radiowellen, elektrische Telephonleitung), dem jeweiligen Medium entsprechende Spuren hinterläßt. Steiner faßt diesen Gedankengang zusammen: *Was erfahre ich aus der Untersuchung eines Dinges, das von einem Prozesse, der in meinem Bewußtsein als Empfindung auftritt, ergriffen wird? Ich erfahre nicht mehr als die Art und Weise, wie jenes Ding auf die Aktion, die von der Empfindung ausgeht, antwortet, oder mit anderen Worten: wie sich die Empfindung in irgendeinem Gegenstande der räumlich-zeitlichen Welt auslebt. Weit entfernt, daß ein solcher räumlich-zeitlicher Vorgang die Ursache ist, der in mir die Empfindung auslöst, ist vielmehr das ganz andere richtig: der räumlichzeitliche Vorgang ist die Wirkung der Empfindung in einem räumlich-zeitlich ausgedehnten Dinge. Ich könnte noch beliebig viele Dinge einschalten auf dem Weg von dem Erreger bis zu dem Wahrnehmungsorgane: in jedem wird dabei nur das vorgehen, was in ihm vermöge seiner Natur vorgehen kann. Deshalb bleibt aber die Empfindung dasjenige, was sich in all diesen Vorgängen auslebt.*[77]

In der wirklich wahrgenommenen Welt erfährt der Mensch eine Fülle von Empfindungen, die miteinander in Zusammenhang stehen: Wärme kann das Eisen rot oder weiß erglühen lassen, die Beleuchtung läßt die Farben unterschiedlich erscheinen, die sinnenfällige Welt tritt als ein Strom ständig sich wandelnder Erscheinungen auf. In der Wissenschaft finden wir heraus, unter welchen gesetzmäßigen Bedingungen etwas Bestimmtes erscheint. Bei genauerer Analyse ist jedes Ding die Summe der Empfindungen und sinnlichen Erfahrungen, die wir machen, und alles besteht durch Relationen: Sogar das Gewicht ist nichts Absolutes, wie die Erfahrungen in der Schwerelosigkeit zeigen. So löst sich der Begriff eines

Dinges an sich auf und mit ihm die als stabil und dauernd gedachte Materie. Steiner stellt diesen Gedankengang in der Einleitung zum dritten Band von Goethes naturwissenschaftlichen Schriften mit einem ausführlichen Exkurs über den Zeitbegriff dar. Er gelangt zu dem Ergebnis: *Nach diesen Ausführungen können wir sagen: das sinnenfällige Weltbild ist die Summe sich metamorphosierender Wahrnehmungen ohne eine zu Grunde liegende Materie.*[78]

Mit diesem Satz will Steiner keineswegs die Subjektivität der wahrgenommenen Welt behaupten, im Gegenteil: Es geht ihm um die Rettung der Welt der Phänomene und um die Abweisung einer materialistischen Metaphysik, die die Wirklichkeit hinter der wirklich erscheinenden Welt als ewig dauernde Materie vorstellt. Nach Steiners Weltansicht sind die sinnlichen Erscheinungen im ständigen Fluß. Dauer im Wechsel gewähren hingegen die ideell gefaßten Gesetze, die sich in dreifacher Art manifestieren: in der anorganischen Natur als Gesetze, die das sinnenfällig Wirkliche von außen bestimmen; als Typus erscheint das Gesetz in einer sinnenfälligen Einheit von innen wirkend in der organischen Welt; als Begriff selbst erscheinen Gesetz und Idee im menschlichen Bewußtsein.[79]

Mit diesen Gedanken hatte Steiner im Sommer 1890 die Grundelemente seiner Weltauffassung formuliert. Er hatte an Hand von Goethes Forschungsweise eine Wissenschaft vom Erkennen entwickelt, die für die verschiedenen Daseinsbereiche unterschiedliche Erkenntnisarten postulierte: für die Wissenschaften von der unorganischen Welt die Feststellung des Zusammenhangs von Tatsachen und die Zurückführung der Tatsachen auf die grundlegenden Urphänomene; in der Organik geht es um die Entwicklung intuitiver Erkenntnismethoden, die den Typus in seinen Erscheinungsformen begreifen; in Psychologie und Philosophie um das fortschreitende theoretische und praktische Selbsterfassen. In diesen Postulaten bemerkt man bereits die Ansätze der späteren Anthroposophie Steiners, die für die verschiedenen Gegenstandsbereiche unterschiedliche Methoden und die Entwicklung und Schulung besonderer Qualitäten des Denkens und Anschauens beschreibt.

Zur Anthropologie der Freiheit

Schon 1886 war Rudolf Steiner zur Mitarbeit an der «Weimarer (Sophien-)Ausgabe» von Goethes Werken aufgefordert worden, doch erst im Sommer 1889 konnte er für einige Wochen nach Weimar reisen, um seinen künftigen Aufgabenbereich in Augenschein zu nehmen. Schon der wissenschaftliche Nachlaß Goethes war eine Überraschung: Er war viel reichhaltiger, als Steiner vermutet hatte. Unter den Papieren fand er zum Beispiel einen verloren geglaubten Aufsatz, den er in seinem Inhalt bereits früher zutreffend rekonstruiert hatte, und überhaupt traf er auf manche Bestätigung seiner Goethe-Deutung. Das Wichtigste jedoch war das Atmosphärische: *... ich gestehe dir, es ist ein Gefühl ganz eigener Art, wenn man auf dem Boden Weimars herumwandelt. Es ist, als ob sich plötzlich alles, was wir über die größten Geister unserer Nation gedacht und gesonnen haben, neu belebte, als ob wir es jetzt besser fühlten, tiefer empfänden. Als ich Goethes Gartenhaus betrat, mit seiner lieblichen Umgebung, als ich Tiefurts Anlagen und sein einziges Schlößchen durchwanderte, weiters da ich Belvedere, Ettersburg und so vieles andere kennenlernte, da war mir, als ob ein ganz frischer Hauch durch jenes Gebiet meiner Seele zöge, wo die Goethe- und Schillergedanken wohnen... Es ist etwas ganz anderes um das geistige Leben in Deutschland als in unserem Österreich. Es trägt doch alles den Stempel eines selbst- und zielbewußten einheitlichen Volkes in sich. Besonders in Norddeutschland, wo mir auch jede Spur des Partikularismus – wenigstens bei einem großen Teil des Volkes – überwunden zu sein scheint.*[80]

Ob Steiner, von Weimar und den Schätzen des Archivs bezaubert, durchschaute, welch undankbare Arbeit er übernahm, als er am 2. August 1889 eine Abmachung unterschrieb, die ihm Goethes naturwissenschaftliche Schriften unter Ausschluß der Arbeiten zur Farbenlehre und Osteologie zur Edition übertrug, darf man bezweifeln. Schon die äußeren Umstände der Arbeit waren ungünstig: Man hatte mit der Herausgabe von Goethes Werken begonnen, bevor die umfangreichen Materialien des Nachlasses gesichtet und archivarisch aufgearbeitet worden waren,

Rudolf Steiner, 1889

darüber hinaus sollten pro Jahr zehn Bände der «Weimarer Ausgabe» erscheinen: Beides war nicht zu verantworten. Ferner war das Archiv beengt in wenigen Räumen im Obergeschoß des Weimarer Schlosses untergebracht, und ein fortlaufender Strom von Besuchern aus aller Welt störte ständig die Konzentration. Steiner selbst war für die Arbeit, die man von ihm erwartete, keineswegs prädestiniert. Neben der Veröffentlichung bisher ungedruckter Texte waren hauptsächlich Handschriften und verschiedene Druckausgaben zu vergleichen und umfangreiche Lesartenverzeichnisse herzustellen: das Ganze eine reine Philologenarbeit, eine Wanderung durch die Wüste der Buchstaben.

41

Nordostecke des Weimarer Schlosses.
Im zweiten Stock war zu Steiners Zeit das Goethe-Archiv untergebracht

Am 30. September 1890 trat Steiner seinen Dienst im Goethe- und Schiller-Archiv an. In den ersten Wochen und Monaten hatte die Arbeit noch einige Reize: Steiner fand beim Sichten der Bestände fast täglich Neues und Unbekanntes, ja Wichtiges, aber bald begann das Joch der strengen Dienstzeiten, die ständig durchzuhaltende Akribie und die gestrenge Oberaufsicht des Direktors Bernhard Suphan zu drücken. Schon im März 1891 klagt Steiner: *Zu den Kleinlichsten der Kleinlichen gehört Suphan, der Direktor des Archivs. Eine echt philiströse Schulmeisternatur ohne alle größeren Gesichtspunkte.*[81] Im April heißt es dann: *Allein das archivarische Arbeiten, das den Geist dumpf macht, erzeugt bei mir eine geistige Unbehaglichkeit, die mich fast jeder Schreiblust beraubt.*[82] Im Mai ist dann schon der Punkt erreicht, an dem ihm seine Lage grundsätzlich klar wird: *Und so sehe ich mich den ganzen vollen Tag hindurch in einer Tätigkeit, die mein «Ich», wie es vor fünf bis vier Jahren war, mit großer Hingebung getan hätte. Indem ich sie heute vollbringe, tue ich sie nicht mehr.*[83] Er erlebt die Goethe-Arbeit als schiere Last, die *mich nur noch wie eine anorganisch gewordene Schale umgibt,* und bekennt: *Hier in Weimar, der Stadt der klassischen Mumien, stehe ich allem Leben und Treiben fremd gegenüber. Ich habe niemanden, demgegenüber ich mich ausspre-chen könnte, der mir auch nur im geringsten Verständnis entgegen bräch-te.*[84] Nach fünf Jahren zieht er die Summe: *Ich weiß jetzt, daß ich in dem Augenblicke, als ich hierherging, verraten und verkauft war. Ich muß die Weimarer Jahre einfach verloren geben.*[85] Er räumt später auch ein, daß er auf seine *eigentlich philologische Tätigkeit nie besonders stolz* gewesen ist und gesteht, er könne *selbst viele Fehler in dieser Beziehung nachweisen,* und er wolle das, *was ihm als Schnitzer passiert ist, nicht beschönigen.*[86]

In der Rückschau, nach dreißig Jahren, hat sich die Perspektive wieder geändert. Der in den Briefen aus Weimar vielfach geäußerte Unmut über seinen Chef Suphan schrumpft auf den Satz: *Ich kann nicht in Abrede stellen, daß mich manchmal recht unangenehm berührte, was Suphan tat.*[87] Und wenn Steiner auch seine Einsamkeit in Weimar in seiner Autobiographie nicht leugnet, so liegt doch der Akzent der Darstellung auf dem, was er den Menschenbegegnungen in Weimar dankt: Die vielen Bekannt-

Bernhard Suphan
(1845–1911).
«Er litt am Leben und litt
an sich. Wie ein Lasttier
der Goethearbeit …
empfand er sich …»
(GA 28, S. 208)

Rudolf Steiner, 1891

schaften und Freundschaften mit Malern, Musikern, Schauspielern, mit Gelehrten und Politikern führen ihn in das zeitgenössische Geistesleben ein. Hatte er sich in Wien vornehmlich am traditionellen Geistesleben, an Klassik und Idealismus, an Scholastik und theosophischer Weisheit orientiert, so werden nun durch persönliche Begegnungen die Moderne, werden Ernst Haeckel und Friedrich Nietzsche «entdeckt»: *So ward für mich Weimar der Ort, an den ich im späteren Leben oft zurücksinnen mußte. Denn die Enge, in der ich in Wien gezwungen war zu leben, erweiterte sich; und es wurde Geistiges und Menschliches erlebt, das in seinen Folgen sich später zeigte.*[88] Wohlgemerkt: die Erweiterung des Gesichtskreises zeigte sich für Steiner erst später. Für das unmittelbare Erleben war die Zeit in Weimar trotz aller Begegnungen eine Wanderung durch eine Wüste, in der es nur wenige Oasen gab.

Zu den Oasen zählten für Steiner die Freundschaft mit dem Schauspieler Dagobert Neuffer, die Gespräche mit der Schriftstellerin Gabriele Reuter und der Gedankenaustausch mit dem Theologen Max Christlieb, der sich *geradezu als ein schwärmerischer Anhänger meiner Ideen entpuppte, der aber nach kurzer Zeit die Tragik begriff, die für mich darinnen liegt, daß ich noch immer an die eigentliche Goetheforschung gefesselt bin. Er sagte: schon die Einleitung zum dritten Bande zeige, daß ich innerlich mit der Goetheforschung gar nichts mehr zu tun habe.*[89] Die eigentliche Oase fand Steiner aber im Hause von Frau Anna Eunike. Nachdem er fast zwei Jahre lang recht ungemütlich in zwei Zimmern gehaust hatte, zog er im Sommer 1892 in die Parterrewohnung im Hause Eunike. Frau Eunike war seit kurzer Zeit verwitwet und suchte ihrerseits jemanden, der ihr bei der Erziehung ihrer fünf Kinder beistand. Steiner fand bald bei ihr ein wirkliches Zuhause, sehr schnell entwickelte sich eine enge Freundschaft. So schreibt Steiner 1896: *Ich fühle solche Ausgleichung in*

Anna Eunike
(1853–1911), ab 1899
Anna Steiner.
«... und das Leben im
Eunike'schen Hause
gab mir damals die
Möglichkeit, eine
ungestörte Grundlage
für ein innerlich und
äußerlich bewegtes
Leben zu haben.»
(GA 28, S. 373)

meinem ganzen Wesen, wenn Du in meiner Nähe bist, daß ich weiß, Du gehörst zu mir. Wenn ich arbeite und Du trittst in mein Zimmer, so fühle ich: jetzt kommt der einzige Mensch, der mir Freude macht, den ich sehen will.[90] Nicht nur Steiner fühlte sich im Eunikeschen Hause wohl: *Wenn die jüngeren Besucher der Goethegesellschaftsversammlungen aus Berlin, die sich an mich angeschlossen hatten, einmal ganz gemütlich «unter sich» sein wollten, dann kamen sie zu mir in das Eunikesche Haus. Und ich habe, nach der Art, wie sie sich verhalten haben, allen Grund anzunehmen, daß sie sich da recht wohl fühlten.*[91]

Um jedoch überhaupt in Weimar geistig und seelisch überleben zu können, mußte sich Steiner ein Gegengewicht gegen die philologische Kärrnerarbeit schaffen: freie Aufgaben, die nichts mit Weimar und nichts mit Goethe zu tun hatten. So begann er im Herbst 1891 mit der Arbeit an seinem philosophischen Hauptwerk *Die Philosophie der Freiheit.* Den Plan zu diesem Werk hegte er seit 1881; in seinen Darlegungen zu Goethes Erkenntnismethode aus den Jahren 1886 und 1887[92] und in seiner 1892 erschienenen Dissertation *Wahrheit und Wissenschaft*[93] hatte er jeweils mit Ausblicken auf das Thema der menschlichen Freiheit geschlossen. Nun, in der Mitte seines Lebens, vom Oktober 1891 bis zum Oktober 1893, schreibt er in den Abendstunden nach der Archivarbeit das, was ihn seit langem bewegt, nieder.

Mit dem Thema der menschlichen Freiheit greift Steiner das Fundamentalmotiv auf, um das das abendländische Denken seit Wilhelm von Ockham, Erasmus und Martin Luther im geheimen kreist. An der Lösung dieses Problems hängt – so oder so – die Gestalt der Philosophie überhaupt. Stellt man sich den Weltprozeß als ein Geflecht von Notwendigkeiten, Kausalitäten, Zufall und statistischen Wahrscheinlichkeiten allein vor, so sind in der Konsequenz auch alle Ideen von Recht und Sittlichkeit, von Demokratie und Verantwortung, von Würde und Liebe hinfällig. Es ist deshalb erstaunlich, daß das Thema weitgehend in den Bereich des Glaubens und der Postulate verwiesen wurde. Die letzte bedeutende Untersuchung hatte 1809 Schelling mit der Schrift «Philosophische Untersuchungen über das Wesen der menschlichen Freyheit und die damit zusammenhängenden Gegenstände» vorgelegt. Steiner konnte an diesen philosophisch-theologischen Traktat, der durch die Gedanken Jakob Böhmes angeregt war, nicht anschließen, da er die hochspekulativen Gedanken Schellings für zu voraussetzungsvoll hielt. Steiners Ziel war, die Möglichkeit der Freiheit empirisch nachzuweisen. So schickt er seinem Buch das Motto voran: *Beobachtungs-Resultate nach naturwissenschaftlicher Methode*[94]. Damit ist sogleich gesagt, daß die *Philosophie der Freiheit* nicht als ein auf axiomatischen Thesen beruhendes Gedankengebäude zu verstehen ist: Der Gedankengang fußt vielmehr ständig auf Beob-

Vita.

Ich Rudolf Steiner, Sohn des in Brunn am Gebirge in Niederoesterreich wohnhaften Johann Steiner, Beamten der oesterreichischen Südbahn, bin zu Kraljevec in Ungarn, am 27. Februar 1861 geboren.

Nach absolvierter Volksschule trat ich 187½ in die Landes-Oberrealschule in Wiener-Neustadt ein, an welcher ich im Juli 1879 die Reifeprüfung mit Auszeichnung bestand. Hierauf bezog ich die k.k. technische Hochschule in Wien, an welcher ich acht Semester hindurch Mathematik, Physik, analytische Mechanik, Zoologie, Mineralogie, Chemie, Botanik, Geologie, Litteraturgeschichte und Staatsrecht hörte und die Semestralprüfungen mit der Durchschnittsnote „vorzüglich" bestand, sodaß mir auf deren Grund alle vier Studienjahre hindurch

Erste Seite der handschriftlichen «Vita» Rudolf Steiners, 1891 für die Universität Rostock verfaßt, die seine Dissertation akzeptierte achtungen und Selbstbeobachtungen. Damit liegt der Ausgangspunkt – wie in der Naturwissenschaft – in der alltäglichen Erfahrung.

Die *Philosophie der Freiheit* ist nach Thema und Inhalt eine philosophische Anthropologie, die den Versuch unternimmt, als das spezifisch Menschliche des Menschen die schöpferische Freiheit nachzuweisen. Von anderen Anthropologien unterscheidet sich die Schrift dadurch, daß sie sich weitgehend auf dieses fundamentale Humanum beschränkt und dessen Ausdruck in aufrechtem Gang, in Sprache, Lachen und Weinen etc., die von Helmuth Plessner, Max Scheler u. a. behandelt werden, nur am Rande berührt. In aller Regel wird die Schrift mißverstanden, indem man den ersten Teil als eine Erkenntnistheorie und den zweiten als eine individualistische Ethik liest. In Wirklichkeit aber handelt das Buch vom Menschen, und zwar insofern und nur insofern er aus Erkenntnis handelt. Selbstverständlich müssen in diesem Zusammenhang das Erkennen und das Handeln besprochen werden, aber es wird mehr als nur das Erkennen und Handeln geschildert, es geht wesentlich um die Frage, wie sich die Konstitution des Menschen im Erkennen und Handeln zeigt. Erkennen und Handeln sind also nur die Medien, durch die der Mensch beschrieben werden soll. Man kann das im Aufbau des Buches gut verfolgen. Im ersten Kapitel wird das Thema eingegrenzt und auf die Untersuchung des bewußt und aus Erkenntnis handelnden Menschen beschränkt. Am Anfang steht die Behauptung, daß das bewußte menschliche Handeln durch Motive, das heißt durch Vorstellungen und Ideen bestimmt werde: Interesse, Liebe, Mitleid, Haß regen sich auf Grund der Vorstellungen und Gedanken, die man sich von einer Person oder einem Sachverhalt macht. Deshalb wendet sich die Untersuchung im zweiten Kapitel dem Zustandekommen der Vorstellungen zu. Generell ist der Mensch ein unzufriedenes Wesen. Ein Spezialfall dieser Unzufriedenheit ist der als Fragen auftretende Erkenntnistrieb: Töne, die wir hören, Bewegungen, die wir sehen, lassen uns fragen, wie Ton oder Bewegung zustande kommen. Im Fragen stellt sich der Mensch der Welt gegenüber; indem er zunächst nicht versteht, sieht er, daß er den Dingen (teilweise) fremd gegenübersteht: *Das Universum erscheint uns in den zwei Gegensätzen Ich und Welt.*[95] Auf die Fragen antwortet unser Denken, es will das Rätselhafte der einzelnen Wahrnehmungen überwinden. Wir hören im dunklen Zimmer ein Geräusch. Unser Fragen erwacht. Was ist das? Woher kommt es? Wir bilden uns Vorstellungen und probieren, ob sie «passen». Wir nennen das Geräusch «kratzen» oder «knabbern» und stellen uns vor, eine Maus bewirke das Geräusch. Wir sehen die Sonne aufgehen und bilden dabei den Gedanken, daß die Erscheinung der Sonne durch die Drehung der Erde um ihre Achse hervorgerufen wird. Die Gedanken insgesamt stammen nicht aus der gegebenen Wahrnehmung, wir selbst konstruieren sie, daher sind sie für uns durchsichtig und klar. Damit ist noch nichts über die Richtigkeit oder Anwendbarkeit der Gedanken ausgemacht, wichtig ist allein, daß der Mensch sie hervorbringt und den Gedanken (etwa denen der Funktion, der Wirkung, des Systems oder des Organismus) Inhalt und Bestimmung gibt. Damit findet Steiner den Punkt, von dem er ausgehen kann: Die Beobachtung des Denkens ist *die allerwichtigste, die der Mensch machen kann. Denn er beobachtet etwas, dessen Hervorbringer er selbst ist; er sieht sich nicht einem zunächst fremden Gegenstande, sondern seiner eigenen Tätigkeit gegenüber. Er weiß, wie das zustande kommt, was er beobachtet. Er durchschaut die Verhältnisse und Beziehungen. Es ist ein fester Punkt gewonnen, von dem aus man mit begründeter Hoffnung nach Erklärung der übrigen Welterscheinungen suchen kann.*[96] Da auch der Zweifel am Denken und das Problematisieren des Denkens auf das Denken angewiesen und selber ein Denken ist, ist mit dem Denken und dessen beobachtender Selbsterfassung der Punkt gegeben, der nicht hinterfragbar ist.

Im vierten Kapitel setzt sich Steiner mit der zeitgenössischen Theorie der Wahrnehmung auseinander. Die damalige akademische Philosophie war weitgehend von der Auffassung beherrscht, daß die durch die Sinne gegebenen Wahrnehmungen eine Illusion seien. Die wirkliche Welt bestünde aus Atomen und Schwingungen etc., deren Grau in Grau durch die menschliche Sinnes-Nerven-Organisation in eine farbige, tönende, duftende Welt übersetzt werde. Dementsprechend erstrecke sich unser Wissen nur auf die aus den Sinnesillusionen gewobenen Vorstellungen: Der Mensch sei also in einen Käfig der Subjektivität eingesperrt. Steiners Widerlegung des Illusionismus (an den praktisch ohnehin kaum jemand glaubt) ist ebenso einfach wie überzeugend: Alles Wissen über das Funktionieren unserer Sinnesorganisation, über Atome, Moleküle, Schwingungen etc. beruht in letzter Instanz auf den durch die Sinne gelieferten Daten. Die Sinnestätigkeit und die Sinnesdaten sind in jedem Fall der Ausgangspunkt der Forschung, und wenn man sie nachträglich zur Illusion erklärt, entzieht man der eigenen Argumentation den Boden. Dieses scheinbar negative Ergebnis des vierten Kapitels ist für eine philosophische Anthropologie wichtig, weil es nicht nur wissenschaftlich garnierte Vorurteile überwindet, die den Zugang zur Welt verbauen könnten, sondern weil es die Frage nach der Wahrnehmung neu eröffnet.

Im fünften Kapitel behandelt Steiner dann das Erkennen im engeren Sinne, aber er tut dies nicht in erkenntnistheoretischer Absicht, sondern im Hinblick darauf, wie sich der Mensch im Erkennen zeigt. Die landläufige Ansicht vom Erkennen meint, daß dem Menschen die Welt als ein fertiges Ganzes gegeben sei, und stellt sich vor, daß das Erkennen ein bloßes Abbilden, eine Art abstrahierenden Fotografierens der fertigen

Wirklichkeit sei. Gegen diese Ansicht wendet Steiner ein: *Wer so urteilt, hat sich niemals klar gemacht, was die Wahrnehmung ohne den Begriff ist. Sehen wir uns nur diese Welt der Wahrnehmung an: als ein bloßes Nebeneinander im Raum und Nacheinander in der Zeit, ein Aggregat zusammenhangloser Einzelheiten erscheint sie. Keines der Dinge, die da auftreten und abgehen auf der Wahrnehmungsbühne, hat mit dem anderen unmittelbar etwas zu tun, was sich wahrnehmen läßt. Die Welt ist da eine Mannigfaltigkeit von gleichwertigen Gegenständen.*[97] Diese Behauptung, die hier in Kürze nicht begründet werden kann, hat eine wichtige Funktion: Wenn nämlich Wahrnehmungen, Tatsachen, Situationen ihre Bestimmung nicht in sich tragen und damit vieldeutig sind, dann kommt alles darauf an, wie durch das menschliche Denken eine Situation definiert wird, oder unphilosophisch gesprochen: wie man die Dinge sieht, das heißt, welche Begriffe man an sie heranträgt. Dem Historiker und Sozialwissenschaftler ist diese Tatsache nicht unbekannt.

Der Wahrnehmungswelt gegenüber wird unser Denken spontan tätig. Das erste, was man feststellen kann, ist, daß überhaupt Gedanken auftreten. Wir sagen von einem Baum, er sei ein lebendiges Wesen. Damit meinen wir etwas Bestimmtes, zum Beispiel, daß der Baum wächst und daß er in einem Verhältnis zu seiner Umwelt steht: Er antwortet auf Licht, Wärme, auf Wasser und Bodenbeschaffenheit. Alles dieses sieht man nicht, man denkt es zu den Wahrnehmungen hinzu. Besonders leicht bemerkt man das bei Aussagen, die den Erscheinungen zu widersprechen scheinen, wenn man zum Beispiel den Sonnenaufgang durch die Drehung der Erde erklärt. Man kann dann bemerken, daß unsere Gedanken in einem Zusammenhang von Begriffen wurzeln. So gelangt Steiner zu der Ansicht, daß der Mensch die unvollständige Welt der Wahrnehmungen ergänze, indem er Begriffe und Ideen hinzufüge. Unsere *Wesenheit funktioniert in der Weise, daß ihr bei jedem Dinge der Wirklichkeit von zwei Seiten her die Elemente zufließen, die für die Sache in Betracht kommen: von seiten des Wahrnehmens und des Denkens*[98]. Das Denken, das im Menschen spontan auftritt und zunächst als subjektive Tätigkeit erscheint und fragwürdig verwendet werden kann, erweist sich auf die Dauer als dasjenige Element, das Standpunkthaftigkeit überwinden, sich selbst korrigieren und ständig erweitern und vertiefen kann, wenn es, wie Steiner sagt, *erwacht*, das heißt, nicht bloß drauflos denkt, sondern sich – seiner selbst bewußt – methodisch kontrolliert. Es zeigt sich ferner, daß das Denken Dialog und Kommunikation eröffnen kann, daß es sich in andere Standpunkte hineinversetzen kann: Tendenziell überwindet es die Subjektivität und führt uns so über uns hinaus. *Im Denken haben wir das Element gegeben, das unsere besondere Individualität mit dem Kosmos zusammenschließt. Indem wir empfinden und fühlen (wahrnehmen), sind*

Motto: *An Gottes Stelle den freien Menschen!!!*

Deine Lieblingseigenschaften am Manne? *Energie*

Deine Lieblingseigenschaften am Weibe? *Schönheit*

Deine Lieblingsbeschäftigung? *Sinnen und Minnen.*

Deine Idee von Glück? *Sinnen und Minnen.*

Welcher Beruf scheint Dir der beste? *jeder, bei dem man zu lange zu thun*

Wer möchtest Du wohl sein, wenn nicht Du? *Friedrich Nietzsche vor dem Wahnsinn*

Wo möchtest Du leben? *Das ist mir gleichgültig.*

Wann möchtest Du gelebt haben? *In Zeiten, wo was zu thun ist.*

Deine Idee von Unglück? *Nichts zu thun zu wissen.*

Dein Hauptcharakterzug? *Den weiß ich nicht.*

Deine Lieblingsschriftsteller? *Nietzsche, Hofmann, Hegel.*

Deine Lieblingsmaler und -Bildhauer? *Rauch, M. Angelo.*

Deine Lieblingskomponisten? *Bethoven.*

Deine Lieblingsfarbe und -Blume? *violett. Herbstzeitlose.*

Lieblingshelden in der Geschichte? *Attila – Napoleon I. Cäsar*

Lieblingsheldinnen in der Geschichte? *Katharina von Russland.*

Lieblingscharaktere in der Poesie? *Prometheus.*

Deine Lieblingsnamen? *Radegunde, das mögen die Frauen entscheiden.*

Welche geschichtlichen Charaktere kannst Du nicht leiden? *Die Schwachen.*

Welche Fehler würdest Du am ersten entschuldigen? *Alle, wenn ich sie begriffen habe*

Deine unüberwindliche Abneigung? *Pedanterie und Ordnungssinn.*

Wovor fürchtest Du Dich? *Vor Pünktlichkeit.*

Lieblingsspeise und -Trank? *Frankfurter Würste – und Cognac-Schwager-Caffee*

Dein Temperament? *Wandelbarkeit.*

Ort und Zeit: *Weimar, 8. Febr. 97.*

Name: *Rudolf Steiner*

Rudolf Steiners Antworten auf einem als Gesellschaftsspiel
gedachten Fragebogen

wir einzelne, indem wir denken, sind wir das all-eine Wesen, das alles durchdringt. Dies ist der tiefere Grund unserer Doppelnatur: wir sehen in uns eine schlechthin absolute Kraft zum Dasein kommen, eine Kraft, die universell ist, aber wir lernen sie nicht bei ihrem Ausströmen aus dem Zentrum der Welt kennen, sondern in einem Punkte der Peripherie.[99] Steiner nennt die Weise, wie uns die Wahrnehmung gegeben ist, *Beobachtung* und die Art, in der das Denken auftritt, *Intuition*. Durch *Intuition* und *Beobachtung* erfaßt der Mensch jeweils nur Ausschnitte des Weltprozesses. Die Wahrnehmungen schließen ihn zunächst an einen bestimmten Ort der Welt ein: Das ist sein subjektiver Standort. Die absolute Kraft des Denkens erfährt er zunächst auch nur an einem Punkte der Peripherie, durch das Denken kann der Mensch aber die Grenzen, in die er eingeschlossen ist, überwinden.

Im Sinne Steiners ist dieses Resultat nur eine durch Beobachtung gewonnene Beschreibung der menschlichen Existenz. Diese Beschreibung unterscheidet sich methodisch und inhaltlich von den Konstruktionen des deutschen Idealismus, die nicht an der Beobachtung ansetzen und deshalb dazu neigen, das periphere Verhältnis zur Kraft des Absoluten zu übersehen. Folglich versetzen sie das Absolute in den Menschen oder in die Geschichte. Steiner hingegen spricht nur von einer absoluten Kraft, die durch das Denken zum Dasein kommt, und davon, daß der Mensch durch das Denken schrittweise seinen Horizont erweitern kann. Hier liegt – und das sollte gesehen werden – auch der Ansatz der späteren Anthroposophie Steiners: Der Weg zur höheren Erkenntnis beginnt mit Übung und Schulung des Denkens – das Denken ist das Tor zum Übersinnlichen.

Die Konsequenzen, die sich aus dieser Anthropologie der Erkenntnis für das Handeln ergeben, können hier nur angedeutet werden. Da der Mensch im Erkennen die begriffliche Bestimmung der wahrnehmbaren Welt dem Denken entnimmt, kann er auch die Bestimmung seiner eigenen Person und seines Handelns dem Denken entnehmen. Allerdings geschieht das nicht immer. Sehr oft lassen sich die Menschen ihre Handlungsmuster von außen geben, durch Konvention, Vorbilder, Gebote und durch übernommene Ideen. Dabei kommt das eigene Denken aber jeweils soweit ins Spiel, als es zu beurteilen hat, welche Situation jeweils im konkreten Fall vorliegt und welches Vorbild, welches Gebot in diesem Fall zu befolgen ist. Eine freie Bestimmung des Handelns liegt nur dort vor, wo die Situation nicht als spezieller Fall einer allgemeinen Situation gesehen wird, sondern wo die konkrete Situation individuell betrachtet und ein schlechthin erster Entschluß aus einer frei hervorgebrachten Intuition gefaßt wird. In diesem Fall kommt aber nicht nur die ideelle Intuition, sondern auch die ganz individuelle *moralische Phantasie* ins Spiel, die aus dem Erleben der Situation einen Handlungsentwurf schafft. Die moralische Phantasie und Erfindungsgabe sind so die Brücke von der ideellen Intuition zum individuellen Handeln.

In den letzten Weimarer Jahren widmete sich Steiner jenen Problemen der Philosophie der Freiheit, die ihm noch nicht gelöst schienen. Da Steiner dem Denken die entscheidende Rolle bei der Selbstbestimmung des Individuums zuerkannt hatte, ergab sich die Frage, ob denn der einzelne Mensch nicht doch nur das Organ eines allgemeinen Denkens sei. Im Herbst 1894 schrieb Steiner an den Philosophen Eduard von Hartmann, der sein Buch scharf kritisiert hatte: *Ich empfinde es auch als einen Mangel meines Buches, daß es mir nicht hat gelingen wollen, die Frage ganz klar zu beantworten, inwiefern das Individuelle doch nur ein Allgemeines, das Viele ein Eines ist.*[100] Der Ansatz zur Lösung dieses Problems liegt in der empirischen Methode, die keine Aussagen über das Absolute und den objektiven Geist macht, sondern *von sittlichen Ideen nur als von Gedanken des individuellen Bewußtseins*[101] spricht. Ebenso geht es beim Handeln nicht um ein objektives Erfassen der Situation und um die Vollstreckung einer sittlichen Notwendigkeit. *Deshalb mußte ich an die Stelle der sittlichen Einsicht die moralische Phantasie setzen.*[102] Dieser moralischen Phantasie gibt Steiner eine interessante Deutung, indem er ausführt, daß Nietzsches «moralische Instinkte» *gehörig sublimiert und auf ihren Ursprung verfolgt das geben, was bei mir als «moralische Phantasie» figuriert*[103]. Diesem Thema widmet er einen Abschnitt seines 1895 erschienenen Buches *Friedrich Nietzsche, ein Kämpfer gegen seine Zeit.* Steiner stellt sich in diesem Buch ganz auf den Standpunkt Nietzsches. Er sieht in dessen radikalem Nihilismus und Immoralismus auch eine Form der Freiheitsphilosophie und des Individualismus, weil Nietzsche durch die Destruktion der konventionellen Werte das Individuum vom Ballast der metaphysischen und gesellschaftlichen Vorurteile befreit. Steiner dagegen will mit den Vorurteilen nicht auch die Moral überhaupt aufgeben. Er behauptet, daß die Triebe und Instinkte des Menschen – auf die Nietzsche bauen will – auf *verschiedenen Stufen der Entwicklung*[104] stehen: Der Erkenntnistrieb steht auf einer höheren Stufe als der Nahrungstrieb, beide aber sind ursprüngliche Triebe. So gilt auch: *Die moralischen Antriebe zum Beispiel sind eine besondere Stufe der Instinkte, nämlich eine höhere Form sinnlicher Instinkte.*[105] Von diesen moralischen Instinkten behauptet nun Steiner gegen Nietzsche, daß sie bewußt seien und als moralische Phantasie auftreten.[106] Durch diese Auseinandersetzung mit Nietzsche wird vollends klar, daß die Moral ein Produkt des konkreten Individuums und seines sittlichen Geschmacks und nicht das Produkt allgemeiner Ideen ist.

Aber Steiner geht noch einen Schritt weiter. Für den Leser der *Philosophie der Freiheit* kann immer wieder die Frage auftauchen, wie denn das Denken die Verbindung mit dem zusammenhangslosen Aggregat der Wahrnehmungen herstellt. Ist die Bestimmung der Wahrnehmung durch das Denken ein Akt reiner Willkür? Wie ist überhaupt – angesichts der von Steiner behaupteten fundamentalen Verschiedenheit von Wahrnehmung und Begriff – eine Verbindung denkbar? Die Antwort, die Steiner auf diese Fragen gibt, findet sich in dem letzten in Weimar geschriebenen Werk *Goethes Weltanschauung*, und sie stellt nun auch das Erkennen auf die Spitze der individuellen Persönlichkeit. In dem Kapitel *Persönlichkeit und Weltanschauung* versucht Steiner zu zeigen, daß *Erkenntnisse nichts anderes als von menschlichen inneren Erlebnissen erfüllte Anschauungen*[107] seien. Er macht, was er meint, zuerst an einem einfachen Beispiel klar: Wenn man sehend verfolgt, wie eine Kugel über eine Ebene rollt und eine andere trifft und wie diese dann weiterrollt, so erklärt man sich diesen Vorgang durch eine eigene Erfahrung: *Ich greife nach einem inneren Erlebnis, das mich über die Wahrnehmung aufklärt. Ich weiß, daß ich selbst durch Anwendung von Kraft, durch Stoßen einen Körper in Bewegung setzen kann. Dieses Erlebnis übertrage ich auf die Erscheinung und sage: der eine Körper stößt den anderen.*[108] Steiner stellt dann die These auf, daß es solche inneren Erlebnisse gibt, die dem allgemeinen Gattungscharakter der Menschen entsprechen, der bei allen der gleiche ist. Gewisse Eigenschaften, *die bei allen Menschen gleich sind, erzeugen über die Dinge auch gleiche Urteile. Die Art, wie die Menschen die Dinge nach Maß und Zahl ansehen, ist bei allen gleich. Daher finden alle die gleichen mathematischen Wahrheiten. In den Eigenschaften aber, in denen sich die Einzelpersönlichkeit von dem allgemeinen Gattungscharakter abhebt, liegt auch der Grund für die individuellen Ausgestaltungen der Wahrheit.*[109] Nun spricht Steiner nicht explizit aus, daß die inneren Erlebnisse des Stoßens, Zählens etc. begriffsähnlicher Natur sind, aber aus dem Zusammenhang ergibt sich, daß sie mit dem Inhalt der Begriffe in einem engen Zusammenhang stehen. Der Mensch erfährt, indem er auf die inneren Erlebnisse achtet, die Wahrheit: ... *in der Wahrheit leben heißt nichts anderes, als bei der Betrachtung jedes einzelnen Dinges hinzusehen, welches innere Erlebnis sich einstellt, wenn man diesem Dinge gegenübersteht.*[110] *So erscheint die Wahrheit in einem individuellen Kleide. Sie paßt sich der Eigenart der Persönlichkeit an. Besonders für die höchsten, dem Menschen wichtigsten Wahrheiten gilt dies.*[111]

Mit diesen Gedanken – die 1897 niedergeschrieben wurden – hat Steiners Individualismus seine höchste Form erreicht. Das Wesen der Welt spricht sich im Menschen aus: *Die Wahrheit spricht im Innern der einzelnen Menschen verschiedene Sprachen und Dialekte; in jedem großen Menschen spricht sie eine eigene Sprache, die nur dieser einen Persönlichkeit zukommt. Aber es ist immer die eine Wahrheit, die das spricht.*[112] –

Friedrich Nietzsche, 1899.
«Das Freischwebende, Schwerelose seiner Ideen riß mich hin.»
(GA 28, S. 251). Radierung von Hans Olde

Auch dieser Gedanke wird zu einem Ansatzpunkt der späteren Anthroposophie Steiners: Da das Erleben der Persönlichkeit der Ort im Menschen ist, durch den die Wahrheit spricht, liegt es nahe, dieses Erleben zu kultivieren und weiterzuentwickeln, indem zum Beispiel der Einzelne sich bemüht, in Augenblicken innerer Ruhe sein eigenes Erleben zu beachten und deutlicher sprechen zu lassen.

Aus diesem Gedanken, daß sich im je individuellen Menschen Welt ausspricht, ergab sich für Steiner eine Form der geistigen Schulung, die er in Weimar und Berlin konsequent übte. Er vertiefte sich mit rückhaltloser Hingabe in das Leben, Ringen und die Gedankenwelten anderer Indi-

vidualitäten. Dabei wählte er keinewegs ihm kongeniale Philosophen und Dichter, sondern Persönlichkeiten, die ihm in ihrem ganzen Streben entgegengesetzt waren wie Eduard von Hartmann oder Arthur Schopenhauer. In Berlin tauchte er in die Dichtung der Moderne ein, die ihm von Natur aus wenig lag, und verteidigte ihr Wollen. Es ging ihm bei diesen geistigen Exkursionen nicht um die Erweiterung seiner Kenntnisse, sondern um das Miterleben dessen, was die Welt durch die einzelnen Menschen offenbart. Denn jeder produktive Mensch offenbart durch seine Gedanken und Werke je nach seinen Bedingungen einen Teil des Weltgeheimnisses. *So sagte ich mir auch: die ganze Welt, außer dem Menschen, ist ein Rätsel, das eigentliche Welträtsel; und der Mensch selbst ist die Lösung.*[113] Diese Lösung ist nicht nur Gedanke oder Theorie, sondern jener Teil des wirklichen Weltprozesses, der nur durch Menschen zur Erscheinung kommt. *So wird auch das Erkennen zu einem Vorgang in der Wirklichkeit. Fragen offenbaren sich in der Welt; Antworten offenbaren sich als Wirklichkeiten; Erkenntnis im Menschen ist dessen Teilnahme an dem, was sich die Wesen und Vorgänge in der geistigen und physischen Welt zu sagen haben.*[114]

56

Übergang

Im Wirbel Berlins

Schon im Sommer 1896 war Steiner aus dem Goethe- und Schiller-Archiv ausgeschieden, aber er hatte noch eine Reihe literarischer Arbeiten fertigzustellen: der vierte und fünfte Band von Goethes naturwissenschaftlichen Schriften in der «Deutschen National-Litteratur» mußte mit Einleitungen und Anmerkungen versehen werden, für den Verlag Cotta war die Einleitung zu einer Jean Paul-Ausgabe zu schreiben, und schließlich wollte Steiner seine Goethe-Studien in dem Buch *Goethes Weltanschauung* zusammenfassen. Aber das Ende dieser Arbeiten war absehbar, und so mußte sich Steiner um eine neue Aufgabe kümmern. Eine kurze Zeit wurde eine Mitarbeit an der Nietzsche-Ausgabe erwogen, aber die Umstände und das Verhalten von Elisabeth Förster-Nietzsche ließen diese Überlegungen hinfällig werden. So ergriff Steiner die Gelegenheit, Herausgabe und Redaktion des «Magazins für Litteratur», einer angesehenen, aber kaum rentierenden literarischen Wochenschrift, zu übernehmen. Als Mit-Redakteur zeichnete der Dramatiker Otto Erich Hartleben, der aber «alle Mühsal der Redaktion kaltlächelnd auf Dr. Steiners geduldige Schultern»[115] abwälzte.

Als Steiner im Sommer 1897 *zwar nicht mehr jung, aber doch noch unerfahren*[116] aus der Stadt der klassischen Mumien in den Wirbel Berlins kam, stürzte er sich mit aller Intensität in jenes kulturelle Leben, das von den offiziellen und offiziösen Kreisen sorgfältig gemieden wurde. Rasch und überall mitwirkend durchlief er in wenigen Jahren das ganze Spektrum der verschiedenen Spielarten der «Moderne», zuerst waren die Freie Literarische Gesellschaft und die Freie Dramatische Gesellschaft das Zentrum seiner Aktivität, dann widmete er sechs Jahre hindurch den Arbeiterbildungsschulen einen Teil seiner Kraft, im Jahre 1900 beteiligte er sich an der Gründung des Kreises der Kommenden sowie am monistischen Giordano Bruno-Bund, schließlich gehörte er zu den ersten Mitar-

Otto Erich Hartleben (1864–1905). «Als graziös empfand ich alles, was sich aus seiner restlos ästhetischen Weltauffassung, bis in seine Gesten hinein, offenbarte, trotz des oft recht fragwürdigen ‹Milieus›, in dem er mir entgegentrat.» (GA 28, S. 344)

beitern der Freien Hochschule, einem Vorläufer der Volkshochschulen. Seine Liebe galt dem Theater. In seinen ersten Berliner Jahren versäumte er kaum eine der Premieren moderner Stücke. Zusammen mit Hartleben inszenierte er für die Dramatische Gesellschaft anspruchsvolle Dramen, die aus dem Gewohnten herausfielen, wie etwa Maurice Maeterlincks «L'intruse». Auch sonst tauchte Steiner in das Leben der Künstler- und Literaturkreise ganz ein und beteiligte sich an den Diskussionen und Vorträgen, an den Fehden und nächtlichen «Sitzungen». Jeden Samstag traf sich der Freundeskreis Hartlebens im Restaurant «Zur alten Künstlerklause» am «Verbrechertisch», und diese «Sitzungen» mit Paul Scheerbarth, Otto Julius Bierbaum, Franz Ferdinand Heitmüller und Walter Harlan endeten oft erst im Morgengrauen. Für den zarten Steiner, der ohne jegliche Hilfe Woche für Woche das «Magazin» herauszubringen und die Spalten auch mit eigenen Beiträgen zu füllen hatte, war dieses Leben strapaziös. *Aber es lag nun an meinem Drinnenstehen in der geisti-*

gen Welt, daß ich diese Verhältnisse, in die ich da eintrat, wirklich innerlich ganz mitmachte.[117] Ja, es war sein Ideal, nicht als bloßer Betrachter neben dem Leben zu stehen, er wollte aus persönlichster Teilnahme am Leben wirken: *Solch ein lebendiges Zusammenwirken mit der lebenden Kunst wollte ich im Magazin haben. Dadurch hätte etwas entstehen sollen, was die Wochenschrift nicht wie etwas die Kunst und das geistige Leben theoretisch Besprechendes, Beurteilendes erscheinen ließ. Sie sollte ein Glied in diesem geistigen Leben, in dieser Kunst selbst sein.*[118] Steiners Erscheinen in diesen Kreisen war eindrucksvoll. So erinnert sich Max Halbe an «Steiners körperliches Bild, sein pechschwarzes Haar, seine flackernden schwarzen Augen, das hohlwangige Gesicht, die hagere zugeknöpfte Erscheinung, gleichsam alles Schwarz in Schwarz in der merkwürdigen Mischung von Magistertum und Dämonie»[119], und Walter Harlan, ein guter Freund Steiners, schrieb: «Steiner war ein freischweifender und unbesoldeter Gottesgelehrter. Auf einer naturwissenschaftlichen Grundlage... Er liebte Hartleben bis zur Kritiklosigkeit, wahrscheinlich liebte er ihn als ein wandelndes, gottlob noch sichtbares Beispiel des genialen Menschen.»[120] Die Zeugnisse der Zeitgenossen insgesamt verraten aber doch, trotz mancher Anerkennung und Sympathie, daß Steiner in diesen Kreisen letztlich ein Fremder blieb. Das spürte Steiner auch: *...so, wie ich für ihre Seelenaugen unter ihnen herumging, hatte es für sie nichts Verlockendes, auf mich tiefer einzugehen. Obwohl in mir keine Spur Theorie steckte, kam ihrem theoretischen Dogmatisieren mein geistiges Wirken wie etwas Theoretisches vor. Das war etwas, wofür sie als «künstlerische Naturen» glaubten, kein Interesse haben zu dürfen. Meine Lage innerhalb dieses Kreises wurde seelisch unbehaglich, wegen des Gefühls, daß ich wußte, warum ich da war, die anderen nicht.*[121]

Seit dem Herbst 1898 gewann eine andere Beziehung für Steiner an Gewicht. Bereits in der Weimarer Zeit hatte Steiner die Schriften des Philosophen des radikalen Individualismus Max Stirner und seinen Biographen, den Dichter John Henry Mackay, kennen und schätzen gelernt. Steiner ging zeitweilig in seiner Stirner-Begeisterung so weit, daß er Stirner wegen der kristallenen Klarheit seiner Gedanken und des Mutes zur Freiheit weit über Nietzsche stellte.[122] 1898 zog Mackay nach Berlin. Steiner war von dem liebenswürdigen und weitgereisten Weltmann aufs höchste angezogen. Mackay versuchte seinerseits, Steiner auch in seine Pläne hineinzuziehen. Mackay propagierte seine politischen Anschauungen unter dem unglücklichen Namen «individualistischer Anarchismus», was damals im allgemeinen Publikum Assoziationen von Bombenwerfern und Königsmördern hervorrief. Nun veranlaßte Mackay Steiner, sich im «Magazin» zum individualistischen Anarchismus zu bekennen: *Ich habe es bisher immer vermieden, selbst das Wort «individualistischer»*

John Henry Mackay (1864–1933). «‹Individua-listischer Anarchismus› nannte er, was er selber vertrat, und zwar als Gegenteil dessen, was man damals Anarchismus nannte.» (GA 28, S. 371)

oder «theoretischer Anarchismus» auf meine Weltanschauung anzuwen-den. Denn ich halte sehr wenig von solchen Bezeichnungen... Wenn ich aber in dem Sinne, in dem solche Dinge entschieden werden können, sagen sollte, ob das Wort «individualistischer Anarchist» auf mich anwendbar ist, so müßte ich mit einem bedingungslosen «Ja» antworten.[123] Nachdem Steiner sich dann deutlich von terroristischen Anarchisten distanziert hat, bemerkt er aber noch: Die Individuen sollen in völlig freiem Konkur-renzkampfe sich zur Geltung bringen. Der gegenwärtige Staat hat keinen Sinn für diesen Konkurrenzkampf. Er hindert das Individuum auf Schritt und Tritt an seiner Entfaltung seiner Fähigkeiten. Er haßt das Individu-um.[124] Diese mißverständlichen Auslassungen – Steiner war ein angesag-ter Feind des wirtschaftlichen Liberalismus – mußten für die Verbreitung des «Magazin» natürlich ebenso abträglich sein wie die Kampagne für die Unschuld des Hauptmanns Alfred Dreyfus, die Steiner ebenfalls im «Ma-gazin» führte.[125]

Aber für Steiner ging es um mehr. Er spürte die mit seinem Individua-lismus verbundene Versuchung des Egoismus und Solipsismus. Zugleich traten die Gefahren eines heroischen Individualismus im sozialen Leben vor sein Auge: jene Mißverständnisse, denen die Philosophie Nietzsches ausgesetzt war. Steiner blickte in den Abgrund des Individualismus. So wurde ihm diese Situation zur geistigen Prüfung. Mein ethischer Indivi-

dualismus war als reines Innen-Erlebnis des Menschen empfunden. Mir lag ganz fern, als ich ihn ausbildete, ihn zur Grundlage einer politischen Anschauung zu machen. Damals nun, um 1898 herum, sollte meine Seele mit dem rein ethischen Individualismus in eine Art Abgrund gerissen werden. Er sollte aus einem rein-menschlich Innerlichen zu etwas Äußerlichen gemacht werden. Das Esoterische sollte ins Exoterische abgelenkt werden.[126] Daß eine solche Ablenkung eine Zeitlang drohte und möglich war, hängt wohl mit den ganz ungemeinen Schwierigkeiten der Abgrenzung von Äußerem und Innerem zusammen, die Steiner in jener Zeit für sich experimentell erkundete.

Es erscheint in diesem Augenblick als ausgleichende Fügung, daß Steiner kurz nach seinem Ausflug in den Anarchismus vom Vorstand der Berliner Arbeiterbildungsschule, einer Gründung Wilhelm Liebknechts, aufgefordert wurde, den Unterricht in Geschichte zu übernehmen. Steiner hatte vor knapp sechs Monaten in einem Aufsatz, in dem er sich kritisch mit dem Problem der Herrschaft auseinandersetzte, geschrieben: *Von allen Herrschaften die schlimmste ist diejenige, die die Sozialdemokratie anstrebt.*[127] Jetzt aber war er entschlossen, den sozialdemokratischen Zusammenhang, in dem die Schule stand, zu ignorieren: *Ich sah die schöne Aufgabe vor mir, gereifte Männer und Frauen aus dem Arbeiterstande zu belehren... Ich erklärte dem Vorstande, wenn ich den Unterricht übernähme, so würde ich ganz nach meiner Meinung... Geschichte vortragen, nicht in dem Stil, wie das nach dem Marxismus jetzt in sozialdemokratischen Kreisen üblich sei. Man blieb dabei, meinen Unterricht zu wünschen.*[128] Das nicht ohne Grund: man hatte die Erfahrung gemacht, daß die in der Wolle gefärbten Marxisten bisher die Hörsäle leer doziert hatten. Für Steiner, der bis zu jener Zeit vor akademischen und bürgerlichen Kreisen gesprochen hatte, ergab sich jetzt die Aufgabe, in einer viel handgreiflicheren und plastischeren Art, sozusagen «aus dem Leben heraus» zu sprechen: *Ich mußte in Ausdrucksformen sprechen, die mir bis dahin ganz ungewohnt waren. In die Begriffs- und Urteilsformen dieser Leute mußte ich mich hineinfinden, um einigermaßen verstanden zu werden.*[129] Offensichtlich hatte Steiner damit von der ersten Stunde an Erfolg. «Na, materialistische Geschichtsauffassung war das ja nicht, aber interessant war es», lautete das erste Urteil. Das sprach sich herum, und bald waren, wie die erhaltenen Statistiken der Arbeiterbildungsschule beweisen, Steiners Kurse unter den bestbesuchten, bei denen die Hörer überdies bis zum Schluß aushielten. – Die Schüler Steiners waren auch von den Übungen in mündlicher Rede und schriftlichem Ausdruck, die zu den Geschichtskursen hinzutraten, angetan. Sie berichten, daß sich Steiner ganz in den Dienst ihrer Versuche und Interessen gestellt und jeden individuell gefördert habe. Dann und wann nahm Steiner auch an den Sonntagsausflügen oder Dampferfahrten in die Umgebung Berlins teil und erklärte im Grase lagernd Insekten, Farne und Gräser oder plauderte über Émile Zola oder Laotse.

Die Tätigkeit in der Arbeiterbildungsschule gab Steiner erst Anfang 1905 auf, als die orthodoxen Marxisten – trotz des einhelligen Widerstandes seiner Schüler – planten, ihm den Stuhl vor die Tür zu setzen. Er sah in der Volksbildung eine wichtige Aufgabe, ja *eine Mission*[130], und rückblickend schreibt er 1925: *Ich habe den Eindruck, wenn damals von Seiten einer größeren Anzahl unbefangener Menschen die Arbeiterbewegung mit Interesse verfolgt und das Proletariat mit Verständnis behandelt worden wäre, so hätte sich diese Bewegung ganz anders entfaltet. Aber man überließ die Leute dem Leben innerhalb ihrer Klasse, und lebte selbst innerhalb der seinigen.*[131]

Im Jahre 1899 konnte Steiner mit einem für heutige Verhältnisse unglaublichen Arbeitsaufwand eine gewisse Stabilität in seine Verhältnisse bringen. Neben die ohne jegliche Hilfe zu bewältigende wöchentliche Arbeit für das «Magazin» traten die Kurse an der Arbeiterbildungsschule und andere Vorträge. Darüber hinaus wurde er zu den verschiedensten literarischen Arbeiten aufgefordert, deren umfangreichste eine zweibändige Darstellung der *Welt- und Lebensanschauungen im 19. Jahrhundert* war. So konnte er sich finanziell über Wasser halten. *Mein äußeres Privatleben wurde mir dadurch zu einem äußerst befriedigenden gemacht, daß die Familie Eunike nach Berlin gezogen ist, und ich bei ihr unter bester Pflege wohnen konnte, nachdem ich kurze Zeit das ganze Elend des Wohnens in einer eigenen Wohnung durchgemacht hatte. Die Freundschaft zu Frau Eunike wurde bald darauf in eine bürgerliche Ehe umgewandelt.*[132] Das war am 31. Oktober 1899. Diese Ehe wurde nie – wie oft kolportiert wird – geschieden, richtig ist vielmehr, daß sich Anna Steiner-Eunike im Frühjahr 1904 von Steiner trennte, mutmaßlich, weil sie die enge Zusammenarbeit Steiners mit Marie von Sivers in der Theosophischen Gesellschaft nicht billigte.

Entscheidend für den weiteren Lebensweg Steiners war aber 1899 die Entwicklung, die sich in zwei Aufsätzen ankündigt, die bezeichnenderweise zur selben Zeit, im August 1899, geschrieben wurden. Im ersten Aufsatz, *Haeckel und seine Gegner*, tritt Steiner für Ernst Haeckel und die von Haeckel vertretene Entwicklungslehre (Deszendenztheorie) ein. Dieser Aufsatz kennzeichnet Steiners Ausgangspunkt in einer einheitlichen, innerweltlichen Weltanschauung (immanenter Monismus). Der andere Aufsatz, *Goethes geheime Offenbarung*, zeigt, wohin der Weg von

Rudolf Steiner in der Arbeiterbildungsschule, 1900

Ernst Haeckel. «Daß Haeckel auf das *schaffende* Denken
bei Ergründung der Wirklichkeit Wert legte, das zog mich
wieder zu ihm hin.» (GA 28, S. 405)

diesem Ausgangspunkt aus gehen kann. In dem erstgenannten Aufsatz
verteidigt Steiner den Monismus gegen die Angriffe des Dualismus, der
Beobachtung, Erfahrung und Naturgesetzlichkeit für die Erklärung der
Erscheinungen für nicht ausreichend hält und jenseitige Prinzipien (Gott,
eine überweltliche Vernunft o. ä.) zur Welterklärung heranzieht. Eine be-
liebte Modellvorstellung dieses Dualismus ist das zweckgerichtete
menschliche Handeln, beispielsweise des Künstlers, der planvoll die einzelnen materiellen Elemente zu einem Kunstwerk zusammenfügt. Steiner jedoch besteht mit Haeckel darauf, daß ein solcher Deus ex machina
weder im Werden und Dasein der Welt noch des Menschen zu beobachten ist. Deshalb lehnt Steiner diese Gleichnisse ab: *Wie entsteht das logi-*

sche Denken, wie das ästhetische Urteil als Funktion des Gehirnes? Über diese Frage allein spricht sich die vergleichende Physiologie und Gehirnanatomie aus. Und diese zeigen, daß das vernünftige Bewußtsein nicht für sich abgesondert existiert und das menschliche Gehirn nur benutzt, um sich durch dasselbe zu äußern, wie der Klavierspieler auf dem Klavier spielt, sondern daß unsere Geisteskräfte ebenso Funktionen der Form-Elemente unseres Gehirns sind, wie «jede Kraft die Funktion eines materiellen Körpers ist» (Haeckel, Anthropogenie).[133]

Aber nicht allein das menschliche Denken, auch das *sittliche Handeln des Menschen ist ein Entwickelungsprodukt. Der sittliche Instinkt der Tiere vervollkommnet sich wie alles andere in der Natur durch Vererbung und Anpassung, bis der Mensch aus seinem eigenen Geiste heraus sich sittliche Zwecke und Ziele setzt. Nicht als vorherbestimmt durch eine übernatürliche Weltordnung, sondern als Neubildung innerhalb des Naturprozesses erscheinen die sittlichen Ziele.[134]*

Andererseits betont Steiner natürlich, daß die genetische Betrachtung des Denkens oder der Ethik nichts über den inneren Aspekt des Denkens oder Handelns aussagt: Über das, was im logischen Sinne wahr oder falsch ist, entscheidet die Logik, über das individuell Gute entscheidet der sittliche Geschmack.

Der zweite Aufsatz führt nun das Thema der Entwicklung fort, denn, so könnte man fragen, mit welchem Recht erklärt man die Entwicklung für beendet? Kann der Mensch, nachdem die Natur ihr Werk getan hat, seine eigene Entwicklung nicht selber fortsetzen und über sich hinauswachsen, sich selber nach eigenen Zielen gestalten? Dieses Thema greift Steiner nun in einer Deutung von Goethes «Märchen» auf. Zehn Jahre lang hatte er sich mit dem «Märchen» befaßt, und er war zu der Überzeugung gekommen, daß Goethe in den neunzehn Gestalten des «Märchen» Zusammenwirken und Verwandlung verschiedenster menschlicher Seelenkräfte darstelle. Das zentrale Motiv dieser Verwandlung ist das Opfer der «Schlange». *Die selbstlose Erkenntnis, die in den Dingen ganz aufgeht und die in der Schlange verbildlicht wird, kann zu der Einsicht kommen, daß das Höchste nur durch die selbstlose Hingabe erreicht werden kann. Der Mensch, der seine Alltagspersönlichkeit absterben läßt, um den idealischen Menschen in sich zu erwecken, erreicht dieses Höchste. Was ein Mystiker wie Jakob Böhme mit den Worten ausgesprochen hat: der Tod ist die Wurzel alles Lebens, das hat Goethe mit der sich opfernden Schlange zum Ausdruck gebracht. Wer nicht loskommen kann von seinem kleinen Ich, wer nicht imstande ist, das höhere Ich in sich auszubilden, der kann nach Goethes Ansicht nicht zur Vollkommenheit gelangen.[135]* Im Zentrum der Deutung stehen so zwei Worte Goethes: «Man muß seine Existenz aufgeben, um zu existieren» und die Verse aus dem «Divan»:

«Und so lang du das nicht hast
Dieses: Stirb und werde!
Bist du nur ein trüber Gast
Auf der dunklen Erde.»

Im Gewand dieser Goethe-Deutung wird jener Aspekt des Individualismus überwunden, der in der Gefahr steht, das eigene enge Ich, so wie es hier und jetzt ist, für das wahre Individuum zu halten. Steiner hatte die universelle Veranlagung des Individuums in seinen Schriften immer betont. Mit der Veröffentlichung der «Märchen»-Deutung aber wird die Weiterentwicklung des Individuums, die Sprengung der Grenzen der gewordenen Person zu seinem Lebensthema, und als das neue Jahrhundert anbricht, beginnt er nach Menschen zu suchen, die ein Gleiches wollen.

Jahrhundertwende

Für den Historiker ist es eine bemerkenswerte Tatsache, daß viele Menschen in Deutschland dem neuen Jahrhundert mit großen Erwartungen entgegensahen. Aus dieser Aufbruchsstimmung lebten die unterschiedlichsten Bewegungen und Strömungen: die Jugendbewegung, die pädagogischen Reformbestrebungen, die Frauenbewegung, die Lebensreform ebenso wie die künstlerischen Bestrebungen, die zum Expressionismus, zum Bauhaus und zur neuen Musik führten. Auch Steiner empfand die Jahrhundertwende als einen Umbruch: *Mir schwebte damals vor, wie die Jahrhundertwende ein neues geistiges Licht der Menschheit bringen müsse. Es schien mir, daß die Abgeschlossenheit des menschlichen Denkens und Wollens vom Geiste einen Höhepunkt erreicht hätte. Ein Umschlagen des Werdeganges der Menschheitsentwickelung erschien mir eine Notwendigkeit.*[136] – Auf seiner Suche nach gleichstrebenden Menschen schloß sich Steiner zwei Vereinigungen an, die im Frühling 1900 begründet wurden: Der Kreis der Kommenden war eine Gründung von Ludwig Jacobowski, des damals wohl besten Freundes von Steiner, der mit diesem Kreis ein Forum für jüngere Literaten, Künstler und Wissenschaftler schuf. Zu den Besuchern des Kreises zählten Peter Hille, Else Lasker-Schüler, Erich Mühsam, Käthe Kollwitz, Herwarth Walden, Stefan Zweig u. v. m. Nach dem Tod Jacobowskis (2. 12. 1900) übernahm Steiner die Leitung der Abende. Für einen kleineren Kreis der Kommenden hielt Steiner zwei Vortragsreihen: V*on Buddha zu Christus* und *Von Zarathustra bis Nietzsche. Entwicklungsgeschichte der Menschheit von den ältesten orientalischen Zeiten bis zur Gegenwart, oder Anthroposophie.* Leider sind diese

Ludwig Jacobowski
(1868–1900)
«... war der Mittelpunkt
des sich immer
vergrößernden Kreises
der Kommenden. Jeder
liebte die ideenerfüllte
Persönlichkeit ...»
(GA 28, S. 384)

Vorträge, in denen Steiner zum erstenmal für die von ihm vertretenen Anschauungen das Wort «Anthroposophie» verwendet, nicht überliefert, aber man darf auf Grund anderer Überlieferungen[137] vermuten, daß Steiner hier die Bewußtseins- und Seelenentwicklung der Menschheit darzustellen versuchte. Von ganz anderer Art war die zweite Vereinigung, der Giordano Bruno-Bund für einheitliche Weltanschauung. Das Motto des Bundes, dem Bruno Wille den Eröffnungsvortrag widmete, war das Goethe-Wort «Materie nie ohne Geist», und an den Vortrags- und Diskussionsabenden des Bundes ging es um philosophische und weltanschauliche Fragen. Man war nicht engherzig: Von Hegel bis Haeckel spannte sich der Bogen der vertretenen Positionen. Vor allem aber wurden in diesem Kreis die durch die modernen Wissenschaften und sozialen Verhältnisse aufgeworfenen Zeitfragen behandelt, und es herrschte nicht das öde Geklapper des an den deutschen Universitäten dominierenden, durchaus reaktionären Neukantianismus.

Hermann Friedmann, ein eigenwilliger und universell interessierter Denker, dessen Werk in Deutschland nicht rezipiert wurde, weil er schon vor dem Ersten Weltkrieg emigrierte, hat Steiner seinerzeit im Giordano

Bruno-Bund beobachtet, wie er «schon damals … seine esoterischen Wege» ging.[138] «Zu Themen, die er selbst nicht aufgebracht hatte, äußerte sich Steiner … meist nur wortkarg oder garnicht; aber er hörte gleichsam mit allen Organen, und niemand hätte sagen dürfen, daß seine ‹Teilnahme› am Gespräch nicht eine außerordentliche gewesen sei. Ich glaube, er hörte, sah, fühlte und verstand den redenden Menschen. Schon dies wäre ja an sich bewundernswürdig. Groß aber wurde in meinen Augen erst das Verhältnis dieses beinah mystischen Schweigens – d. h. des aufgeschlossenen Schweigens des Mystikers im Gegensatz zum Schweigen der Teilnahmslosigkeit – das Verhältnis dieses wortlosen Hörens zur Wucht der eigenen Rede am eigenen Thema, wenn er daran zerrte und riß, keuchte und schrie. Aus diesem Verhältnisse … sprang eine ungeheure Dynamik einen an, entlud sich eine beispiellose Spannung.»[139] So vollzog sich vor den Augen des Publikums ein Teil der Selbstschulung Steiners. Der Weg dieser Schulung führte durch das aktivste Zuhören und Aufnehmen des anderen Menschen zur Entgrenzung des eigenen Selbst. Das wurde im Giordano Bruno-Bund durchaus von einigen Persönlichkeiten erkannt. Man nahm Steiner, so eigenwillig er erschien, sehr wohl ernst, und Steiner hat das auch empfunden. Erst 1905, als der Bruno-Bund sich anschickte, zu einer schlichten Dependance des ideologisch fixierten Deutschen Monistenbundes zu werden, hat er die Mitarbeit eingestellt. Im Tieferen aber war Steiner doch enttäuscht, daß man im Kreis der Kommenden und im Giordano Bruno-Bund *nur geneigt war, sich von meinen Ausführungen «anregen» zu lassen, sie «literarisch» aufzunehmen*[140].

Ähnlich erging es Steiner mit dem «Magazin für Litteratur». Steiner hatte unermüdlich für das Blatt gearbeitet, und da das Blatt sich immer nur knapp halten konnte, manche Entbehrung ertragen. Im August oder September des Jahres 1900 entschloß sich Steiner recht plötzlich, die Redaktion niederzulegen und das Blatt zu verkaufen. Zum Abschied schrieb er an seine Leser: *Ich gab mich von Anfang meiner Redaktionsführung keiner Täuschung darüber hin, daß meine Absichten nur durch Opfer mannigfaltigster Art und, wie die Verhältnisse lagen, nur unter schweren Kämpfen zu erreichen seien. Ich darf sagen, daß ich drei Jahre willig der Sache wegen diese Opfer gebracht, diese Kämpfe auf mich genommen habe. Die Zustimmung so mancher Persönlichkeit, die mir schätzbar ist, hat mir über vieles hinweggeholfen. Länger diese Opfer zu bringen, übersteigt meine Kräfte.*[141] Mit diesem Entschluß gab Steiner aber auch die sehr schmale ökonomische Basis seiner Existenz auf. Wie am Ende seiner Weimarer Zeit stand er vor dem bürgerlichen Nichts. Da erreichte ihn Mitte September die Aufforderung, in der Theosophischen Bibliothek der Gräfin Sophie und des Grafen Cay Lorenz von Brockdorff einen Vortrag über Nietzsche zu halten.

Das Magazin
für Litteratur.

Begründet von
Joseph Lehmann
im Jahre 1832.

Herausgegeben von **Rudolf Steiner.**
Redaktion: Berlin-Friedenau, Kaiser-Allee 95.

Verlag
Siegfried Cronbach
in Berlin.

Erscheint jeden Sonnabend. — Preis 4 Mark vierteljährlich. Bestellungen werden von jeder Buchhandlung, jedem Postamt (Nr. 4786 der Postzeitungsliste), sowie vom Verlage des „Magazins" entgegengenommen. Anzeigen 40 Pfg. die viergespaltene Petitzeile.

→ Preis der Einzelnummer 40 Pfg. ←

69. Jahrgang. Berlin, den 21. April 1900. **Nr. 16.**

Auszugsweiser Nachdruck sämtlicher Artikel, außer den novellistischen und dramatischen, unter genauer Quellenangabe gestattet
Unbefugter Nachdruck wird auf Grund der Gesetze und Verträge verfolgt.

Die „sogenannte" Wiederkunft des Gleichen von Nietzsche.

[Eine Fortsetzung meiner Erwiderung auf E. Horneffers Aufsatz „Eine Verteidigung der sogenannten ‚Wiederkunft des Gleichen' von Nietzsche".]

Ernst Horneffer stellt im Hinblick auf meine in Nr. 6 dieser Zeitschrift abgedruckte Widerlegung seiner Broschüre „Nietzsches Lehre von der Ewigen Wiederkunft und deren bisherige Veröffentlichung" folgende Forderung: „Die ganze Anlage der Steinerschen Widerlegung ist verfehlt. Wenn man mich widerlegen will, so muß man meine Rekonstruktion der Skizze oder des Entwurfs, den Koegel seinem Buche zu Grunde legt, widerlegen". Ich glaube nun zwar nicht, daß ich eine solche Verpflichtung zur Aufrechterhaltung meiner gegen Horneffer erhobenen Einwände habe. Denn diese Einwände beziehen sich nicht auf die Rekonstruktion Horneffers, sondern auf eine falsche Interpretation einzelner Nietzschescher Aphorismen.

Und wer Nietzsche so mißversteht wie Horneffer, um dessen Rekonstruktion der „Wiederkunft des Gleichen" braucht man sich eigentlich nicht zu kümmern. Wenn ich nun doch auch an diese Rekonstruktion einige Gedanken anknüpfe, so geschieht es, weil die Märchenbildung nun einmal zu den Mitteln des „Nietzsche-Archivs" gehört, und es mir nicht angezeigt erscheint, daß zu den vielen andern Märchen sich auch noch das von meiner Kapitulation vor Horneffers Rekonstruktion geselle.

Wer Nietzsches Gedanken von der ewigen Wiederkunft aller Dinge und seinen Zusammenhang mit dem im 12. Bande der Gesamtausgabe S. 5 abgedruckten „Entwurf", „Die Wiederkunft des Gleichen" verstehen will, muß die Quelle dieses Gedankens kennen. Denn ohne Zweifel ist der Aufsatz, der mit diesem Entwurf geplant war, so aufzufassen: daß der Wiederkunftsgedanke den Anlaß zu ihm gebildet hat, und daß alles übrige zu dieser Idee hinzugekommen ist, um sie zu stützen.

Wie kam Nietzsche zu der Idee der ewigen Wiederkunft aller Dinge? Ich habe wiederholt im Gespräche mit Frau Elisabeth Foerster-Nietzsche und mit Dr. Koegel im Jahre 1896 auf die Quelle dieser Idee hingewiesen. Ich habe meine damals ausgesprochene Ueberzeugung auch heute noch, daß Nietzsche die Gelegenheit zur Lektüre von Eugen Dührings: „Kursus der Philosophie als streng wissenschaftlicher Weltanschauung und Lebensgestaltung" (Leipzig 1875) und unter dem Einflusse dieses Buches die Idee gefaßt hat. Auf S. 84 dieses Werkes findet sich nämlich dieser Gedanke ganz klar ausgesprochen; nur wird er da ebenso energisch bekämpft, wie ihn Nietzsche verteidigt. Das Buch ist in Nietzsches Bibliothek vorhanden. Es ist, wie zahlreiche Bleistiftstriche am Rande zeigen, von Nietzsche eifrig gelesen worden. Uebrigens weiß man auch ohne dies, daß Nietzsche ein eifriger Dühring-Leser war. Dühring sagt: „Der tiefere logische Grund alles bewußten Lebens fordert daher im strengsten Sinne des Worts eine Unerschöpflichkeit der Gebilde. Ist diese Unendlichkeit, vermöge deren immer neue Formen hervorgetrieben werden, an sich möglich? Die bloße Zahl der materiellen Teile und Kraftelemente würde an sich die unendliche Häufung der Kombinationen ausschließen, wenn nicht das stetige Medium des Raumes und der Zeit une Unbegrenztheit des Variationen verbürgte. Aus dem, was zählbar

401

402

Der Weg in die Theosophie

Seit seinen Wiener Tagen hatte Steiner die Skepsis gegenüber der Theosophie Blavatskyscher Prägung nicht verlassen. 1897 hatte Steiner im «Magazin» einen Artikel über die Theosophen geschrieben, in dem er glattweg sagte, man höre von den angeblich erleuchteten Theosophen *nichts als Redensarten, die den morgenländischen Schriften entlehnt sind, ohne eine Spur von Inhalt. Die inneren Erlebnisse sind nichts als Heuchelei.*[142] Als er am 22. September zu seinem Vortrag in die Theosophische Bibliothek ging, hat er sich davon also wohl kaum viel versprochen. Aber während des Vortrags *bemerkte ich, daß innerhalb der Zuhörerschaft Persönlichkeiten mit großem Interesse für die Geistwelt waren. Ich schlug daher, als man mich aufforderte, sogleich in der nächsten Woche einen zweiten Vortrag zu halten, das Thema vor: «Goethes geheime Offenbarung». Und in diesem Vortrag wurde ich in Anknüpfung an das Märchen ganz esoterisch. Es war ein wichtiges Erlebnis für mich, in Worten, die aus der Geistwelt heraus geprägt waren, sprechen zu können.*[143] Indem Steiner dieses Motiv von Entwicklung, Verwandlung und Opfer aufklingen ließ, traf er auf ein starkes Echo. Brockdorffs spürten, daß Steiner hier nicht allein Goethes «Märchen» literarisch interpretierte, daß er keine Theorie darbot, sondern aus eigener Erfahrung sprach. So wurde er unmittelbar nach dem Vortrag aufgefordert, in der folgenden Woche eine Vortragsreihe über die Mystik zu beginnen.

Hier ist nun eine Zwischenbemerkung notwendig. Es ist vielfach behauptet worden, daß Steiner, indem er nun die Mystik zum Thema seiner Darstellungen machte, eine grundsätzliche Wende vollzogen habe. Diese Ansicht beruht darauf, daß man nur die Titel von Büchern zur Kenntnis nimmt oder ihren Inhalt und ihre Tendenz nicht versteht, weil man sich an ganz äußerlichen Kennzeichen orientiert. Natürlich soll mit dieser Bemerkung nicht die offenkundige Tatsache geleugnet werden, daß sich Steiner zu bestimmten Themen im Laufe seiner Entwicklung unterschiedlich geäußert hat. So lehnte er zum Beispiel das als Jenseitsreligion auftretende Christentum in den neunziger Jahren scharf ab; als später das Christliche für ihn eine innere Erfahrung geworden war, sprach er anders von den Inhalten der christlichen Religion. Man muß dabei aber zugleich sehen, daß das Christentum in den neunziger Jahren für ihn kein gewichtiges Thema war; es ging ihm um die Fragen einer empirischen Erkenntnis des Menschen und seiner Stellung in der Welt, und diese Fragen führten ihn schrittweise zu neuen Erfahrungen, jedoch keineswegs zu den Formen des Christentums, die er früher abgelehnt hatte. Deshalb hat Steiner völlig recht, wenn er 1903 in einem Brief schreibt: *Ich kann Ihnen nur sagen: es ist dieselbe Erfahrungsart, die mich die Wahrheit in der Wis-*

senschaft, und dieselbe, die mich die mystische Tatsache im Christentum gelehrt hat. Wer mich genauer kennt, der weiß auch, daß ich mich in meinem Leben nicht sonderlich verändert habe.[144] So ist das Thema der Vorträge über die Mystik nicht das Christliche der Mystik, sondern die Darstellung der mystischen Erfahrungsweise und ihr Verhältnis zur modernen Naturwissenschaft.

In *Goethes Weltanschauung* hatte Steiner versucht zu begründen, *daß es die Sprache der Dinge ist, die im Innern des Menschen gesprochen wird*[145], daß also das Erleben des Menschen der Ort ist, in dem sich die Welt ausspricht. In dem Buch *Die Mystik im Aufgange des neuzeitlichen Geisteslebens* und den Vorträgen über die Mystik wird dieses Erleben des inneren Menschen genauer gefaßt und beschrieben. Steiner beginnt mit der These aus *Goethes Weltanschauung*, daß die Dinge der Welt im Innern des Menschen sprechen, und betont jetzt: *Dann sind wir es aber auch, die sprechen. Es handelt sich bloß darum, daß wir die Verwandlung richtig belauschen, die eintritt, wenn wir unsere Wahrnehmung den äußeren Dingen verschließen und nur auf das hören, was dann noch aus uns selbst tönt.*[146] Damit lernt der Mensch sich selbst kennen. Die Welterkenntnis schlägt in Selbsterkenntnis um. Es ist klar, daß hier nicht von Selbsterkenntnis im üblichen Sinne – ob man sich richtig verhält oder ob man von den rechten Maximen geleitet werde – die Rede ist. Selbsterkenntnis wird hier zur Erkenntnis des geistigen Menschen. *Die Wahrnehmung seiner selbst ist also zugleich Erweckung seines Selbst. In unserer Erkenntnis verbinden wir das Wesen der Dinge mit unserem eigenen Wesen.*[147] *Das Licht, das auf mich selbst fällt bei meiner Erweckung, fällt auch auf das, was ich von den Dingen der Welt mir angeeignet habe. Was immer ich erkenne, es bliebe blindes Wissen, wenn nicht dieses Licht darauf fiele. Ich könnte die ganze Welt erkennend durchdringen: sie wäre nicht, was sie mir werden muß, wenn die Erkenntnis nicht in mir zu einem höheren Dasein erweckt würde.*[148]

An Meister Eckart kann Steiner diesen Grundzug, das individuelle Erfassen und Erleben der geistigen Inhalte im inneren Menschen als das Prinzip mystischer Erfahrung, nachweisen. Dabei geht es darum, daß nicht das subjektive Erleben des Alltagsmenschen in die Welt projiziert werde, sondern darum, daß sich wirklich das geistige Wesen selbst im Inneren offenbare. Dazu muß sich die Seele entwickeln. *Die Seele, die verstrickt ist in die Sinnenwelt und damit in die Endlichkeit, hat als solche den Inhalt des Urwesens nicht schon in sich. Sie muß ihn sich erst entwickeln. Sie muß sich als Einzelwesen vernichten. In treffender Weise charakterisiert der Meister Eckart die Vernichtung als «Entwerdung».*[149] Im Verfolg sucht Steiner zu zeigen, wie das, was Meister Eckart als ein Bild des mystischen Lebens malt, bei Johannes Tauler, Heinrich Suso und Johannes

Ruysbroek zu einem biographischen Drama wird. So begegnet Tauler dem Gottesfreund, der ihm bewußt macht, daß er die Lehre der Mystik mit dem Verstande denkt, aber *noch nicht in ihr mit jeder Faser der Persönlichkeit*[150] lebt. Das wahre Leben der mystischen Erkenntnis soll darüber hinaus nicht allein ein inneres Erleben der göttlichen Welt, sondern eine Weiterführung der realen Weltentwicklung sein. *Nicht bloß zurückschauen auf die schon vorliegende Entwicklung darf der Mensch und das, was sich in seinem Geiste über diese Entwicklung nachbildet, als das Höchste ansprechen; sondern vorschauen muß er auf Ungeschaffenes; ein Anfang eines neuen Inhaltes muß seine Erkenntnis sein, nicht ein Ende des vor ihr liegenden Entwicklungsinhalts.*[151]

Nachdem mit solchen Worten auf die schöpferische Zukunftsbedeutung des inneren Erkennens gewiesen wird, schildert Steiner im weiteren Gang des Buches am Beispiel des Nikolaus von Kues, des Paracelsus und anderer das Verhältnis der inneren Erkenntnis zur Naturerkenntnis, um schließlich zu zeigen, daß die mystische Erkenntnisweise in keinem Widerspruch zur modernen Naturerkenntnis steht: *Es liegt kein Widerspruch darin, sich mit den Erkenntnissen der neueren Naturwissenschaft zu durchdringen und gleichzeitig den Weg zu betreten, den Jacob Böhme und Angelus Silesius zum Geiste gesucht haben.*[152]

Im Winterhalbjahr 1901/02 hielt Steiner im Rahmen der Theosophischen Bibliothek einen zweiten Vortragskurs, dessen Zusammenfassung er 1902 unter dem Titel *Das Christentum als mystische Tatsache* veröffentlichte. Steiner geht von den aus dem Altertum überlieferten Mythen und Mysterien aus, um zu zeigen, daß man diese Mythen als Bilder mystischer Vorgänge auffassen kann. So ist in vielen Mythen die Menschwerdung, das Leiden und Sterben, die Auferstehung oder göttliche Erhöhung des Kultgottes der oft variierte Inhalt. In den antiken Mysterien wurde der Myste dahin geführt, das, was dem Volke in Bildern gezeigt wurde, als inneren Seelenvorgang zu erleben. Die These des Buches ist: *Das Kreuz auf Golgatha ist der in eine Tatsache zusammengezogene Mysterienkult des Altertums. Dieses Kreuz begegnet uns zuerst in den alten Weltanschauungen; es begegnet uns als einmaliges Ereignis, das für die ganze Menschheit gelten soll, am Ausgangspunkte des Christentums. Von diesem Gesichtspunkte aus kann das Mystische im Christentum begriffen werden. Das Christentum als mystische Tatsache ist eine Entwicklungsstufe der Mysterienweisheit.*[153] Das Urteil über das Christentum ist in dieser Darstellung aus dem Jahre 1902 durchaus ambivalent, wenn man es mit den Mysterien vergleicht: *Die Mysterienweisheit ist eine Treibhauspflanze, die Einzelnen, Reifen, geoffenbart wird; die christliche Weisheit ist ein Mysterium, das als Erkenntnis Keinem, als Glaubensinhalt Allen geoffenbart wird. Im Christentum lebte der Mysteriengesichtspunkt fort. Aber er lebte*

Dr. Rudolf Steiner

Rudolf Steiner in Berlin, um 1900

fort in veränderter Form. Nicht der Einzelne, sondern Alle konnten der Wahrheit teilhaftig werden. Aber sie konnten es nur, indem sie auf die Art verzichteten, wie in den Mysterien der Einzelne es konnte. Das Christentum holte das Mysterium aus der Tempel-Dunkelheit in das helle Tageslicht hervor. Aber es verschloß zugleich die Tempeloffenbarung in das innerste Gemach, in den Inhalt des Glaubens.[154] Indem Steiner die Bild-Sprache der Evangelien und der Apokalypse zu entziffern und aus der eigenen mystischen Erfahrung zu verstehen sucht, versucht er nichts Geringeres, als den Inhalt des Glaubens dem inneren Erkennen des Einzelnen wieder zugänglich zu machen, indem er die Bilder der Mythen und Evangelien aus der mystischen Erfahrung der Einzelnen zum Sprechen brachte.

Im Kreis der Theosophen bemerkte man sehr deutlich, daß Steiner keineswegs aus dem Geiste der indischen, von Blavatsky und Annie Besant vertretenen Theosophie heraus sprach, man verstand, daß er an die europäische und christliche Überlieferung und an die moderne Wissenschaft anknüpfte. Er war also kein Theosoph im damals üblichen Sinne. Andererseits erlebte man seinen Ernst, sein Engagement und seine spirituelle Kompetenz, und so trat im November 1901 Marie von Sivers, eine Baltendeutsche, die seit kurzem Mitglied der Theosophischen Gesellschaft war, an Steiner heran und fragte, ob es nicht notwendig sei, in Deutschland eine spirituelle Bewegung ins Leben zu rufen, worauf Steiner antwortete, er werde nur im Sinne einer Bewegung arbeiten, die an den abendländischen Okkultismus und ausschließlich an diesen anknüpft und ihn fortentwickelt.[155] Bald darauf wandten sich auch Gräfin und Graf Brockdorff an Steiner, um ihn aufzufordern, die Leitung der theosophischen Bewegung in Deutschland zu übernehmen. Steiner war sich der mehrfachen Problematik dieser Anfrage von Anfang an voll bewußt. Ihm war klar, daß *ein im gewöhnlichen Sinne lebenskluger Mann* es vermeiden würde, sich durch die Verbindung mit der Theosophie *zu kompromittieren.*[156] Er sah des weiteren, daß die etwa hundert Theosophen, die sich in Deutschland dieser Sache anzuschließen bereit waren, teilweise eine sehr bunte Gesellschaft von Spiritisten, Astrologen, Dogmatikern und Sektierern waren, die geneigt sein würden, ihm manche Schwierigkeit zu bereiten. Das zeigte sich schon im April, als es darum ging, die in Deutschland existierenden theosophischen «Logen» für die Gründung einer deutschen Sektion der Theosophischen Gesellschaft unter der Führung Steiners zu gewinnen. So wundert es nicht, daß Steiner den Versuch unternahm, diesem Schicksal zu entgehen. Er muß seinem alten Freund Moriz Zitter in Wien über seine Lage geschrieben haben, und Zitter wurde daraufhin sofort tätig: Es gelang ihm und anderen, Steiner bei der angesehenen Wiener Zeitung «Die Zeit» als Feuilletonredakteur vorzuschlagen. Anfang Juni kam Heinrich Kanner, der Leiter des Blattes, nach Berlin. Über die Verhandlungen mit Kanner berichtet Steiner an Zitter: *Nun war Dr. Kanner hier. Aber ich kann Dir leider nicht von sonderlich guten Hoffnungen berichten. Er hat mich zu sich ins Hotel gerufen; dann noch einmal bestellt. Er hat sich von mir stundenlang erzählen lassen. Was er mir zuletzt gesagt hat, hätte er mir auch sagen können, bevor er mich angehört hat. Zuletzt sagte er mir: ich solle ihm schriftlich ausarbeiten, wie ich mir vorstelle, daß ein modernes Feuilleton geleitet werden müsse, und was ich, im Falle einer Anstellung dazu, alles tun wolle. Ich mache das natürlich alles. Es schien mir aber doch nur ein Mittel, um mich loszuwerden, ohne direkt «nein» zu sagen. Alles, was er mir sagte, hat er auch schon zu Dir gesagt. Es ist dasselbe, was Du mir schriebst, das er Dir sagte. Ich konnte zuletzt aber wirklich nicht verstehen, was er eigentlich von mir wollte. Ich habe auch alles Äußere getan, was Du mir aufgetragen hast, d. h. einen solchen Anzug erstanden, wie Du sagtest, einen steifen Hut, Handschuhe. Es schien mir, daß Du damit ganz recht hattest. (Es hat die Taschen völlig geleert.)*[157]

Die Bemühungen, die zeigen, daß sich Steiner im Sommer 1902 noch nicht fest entschlossen hatte, sich der theosophischen Sache zu widmen, waren umsonst. Es wäre aber nicht zutreffend anzunehmen, daß Steiner sich dann in die Arme der Theosophie geworfen habe, um sich auf diese Weise eine Lebensstellung oder seinen Unterhalt zu sichern, denn er hat darauf bestanden, als Generalsekretär der deutschen Sektion der Theosophischen Gesellschaft kein Gehalt zu beziehen.

Nachdem Steiner im Juli einen theosophischen Kongreß in London besucht hatte, wo er die Gelegenheit hatte, die damals führende Theosophin Annie Besant und eine Reihe anderer englischer Theosophen kennenzulernen, begann Steiner im August 1902, sich ernsthaft den Vorbereitungen zur Sektionsgründung zu widmen. Dabei sprach er sich unmißverständlich aus. So schrieb er am 16. August an Wilhelm Hübbe-Schleiden, den Senior der deutschen Theosophen, der bereits 1884 mit Frau Blavatsky (HPB) eine Theosophische Societät Germania gegründet hatte: *Ich will auf die Kraft bauen, die es mir ermöglicht, «Geistesschüler» auf die Bahn der Entwicklung zu bringen.*[158] Zugleich sprach er aus: *Ich mag vielleicht unrecht haben, aber ich stehe auf dem Standpunkte, daß ich mich der Theosophical Society anschließen darf, daß ich mit ihr wirken darf... Ich glaube nämlich, daß die Bewegung, die HPB und A. Besant eingeleitet haben, über H. P. Blavatsky und Annie Besant hinausschreiten kann.*[159]

Es war für Steiner wohl eine Frage des guten Stils, daß er, bevor er ein Amt in der Theosophischen Gesellschaft übernahm, vor dem Giordano Bruno-Bund Rechenschaft über den Schritt, den er beabsichtigte, ablegte. So sprach er am 8. Oktober in diesem Kreis über *Monismus und Theo-*

sophie und führte aus, wie ein konsequenter Monismus zuletzt in jener Selbsterkenntnis gipfeln müsse, die Ausgangspunkt der weiteren Entwicklung des Menschen sei. Diese schöpferische Selbsterkenntnis sei die von ihm vertretene Theosophie. Der Vortrag wurde mit großem Interesse aufgenommen. Dem Berichterstatter des Giordano Bruno-Bundes jedenfalls war die theosophische Bewegung «mit einem Programm, wie es Dr. Steiner formuliert», «hochwillkommen».[160] Ganz anders erging es Steiner, als er am 20. Oktober bei der Gründungsversammlung der deutschen Sektion unter dem Titel *Praktische Karmaübungen* über die Wege menschlicher Selbsterkenntnis sprach. Er beabsichtigte damit, die Theosophie auf das individuelle Erkennen der Einzelnen zu stellen, anstatt, wie es bis dahin in theosophischen Kreisen üblich war, von jenseitigen Welten zu erzählen. Dieser Versuch traf bei den anwesenden theosophischen Koryphäen auf keinerlei Verständnis: *Ich fühlte den allerlebhaftesten Widerstand gegen die Ausführung dieses Vorhabens.*[161] Und dieser Widerstand blieb auch in den kommenden Jahren in theosophischen Kreisen bestehen. Das bewirkte, daß Steiner zunächst die Theosophie oder Anthroposophie in jener Form entwickelte, die den Verständnismöglichkeiten und Bedürfnissen der Theosophen entsprach und sich weit von dem entfernte, was er ursprünglich beabsichtigt hatte.

Von der Theosophie zur Anthroposophie

Schritte auf dem Weg zur Erweiterung der Erkenntnis

Es ist für den Biographen schwer, die gewiß dramatische innere Entwicklung Steiners nachzuzeichnen, weil Steiner sich über seine ganz persönlichen Erlebnisse gründlich ausgeschwiegen hat. Wahrscheinlich ist diese Entwicklung auch komplexer und vielschichtiger, als allgemein angenommen wird. So beginnt die reale Hinwendung zum Christlichen in einer vorbewußten Seelenschicht mit dem Aufsatz über Goethes «Märchen», während sich Steiner gleichzeitig über das Christentum gedanklich-bewußt noch negativ ausspricht. In einem Notizbuch aus dem Sommer 1924 findet sich die autobiographische Notiz: *1903 Die christlichen Mysterien gehen auf.*[162] Das kann nichts anderes heißen, als daß Steiner erst im Jahre 1903 ganz bewußt geworden ist, daß sein realer Weg zu einer Christus-Erfahrung führte. Das erklärt auch die noch durchaus ambivalente Beurteilung des Christentums in dem 1902 geschriebenen Buch *Das Christentum als mystische Tatsache*, das bei der Neuauflage 1910 dann auch mit anderen Akzenten versehen wurde.

An einigen Stellen seiner Autobiographie äußert sich Steiner aber deutlich über seine eigenen Erkenntnisschritte. So beendete er im Oktober des Jahres 1900 den zweiten Band der *Welt- und Lebensanschauungen im 19. Jahrhundert,* und er bemerkt dazu: *Während dieser hatte ich noch die naturwissenschaftliche Anschauung vor dem Seelenauge, die aus der Darwinschen Denkart hervorgegangen war*[163], und so ist dieses Buch auch Ernst Haeckel gewidmet. Diesen Tatbestand kommentiert Steiner, indem er auf seine weitere Entwicklung blickt: *Ich bewegte mich nicht, wie viele glauben, in Widersprüchen vorwärts. Wäre das der Fall, ich würde es gerne zugeben. Allein es wäre nicht die Wirklichkeit in meinem geistigen Fortgang. Ich bewegte mich so vorwärts, daß ich zu dem, was in meiner Seele lebte, neue Gebiete hinzufand. Und ein besonders regsames Hinzufinden auf geistigem Gebiete fand bald nach der Bearbeitung der*

Welt- und Lebensanschauungen statt.[164] Die äußeren – nicht die inneren – Anregungen zu dieser Erweiterung seiner Anschauungen erhielt Steiner durch die Aufgabe, im Kreis der Theosophen über Mystik und Mysterien zu sprechen. Nachdem Steiner im Oktober 1902 bemerken mußte, daß seine Absicht, die von ihm vertretene Theosophie auf das individuelle Selbsterkennen zu gründen, praktisch nicht auf Verständnis stieß, wurde diese Situation für ihn zu einer Herausforderung, die Theosophie in einer Art darzustellen, die er verantworten konnte. Es schien ihm aber persönlich unmöglich, an die wirren und weisheitsvollen Offenbarungen der Blavatsky anzuknüpfen, er mußte seine Theosophie selbständig begründen. Da er nun nicht an die individuelle Selbsterkenntnis, die jeden Einzelnen auf einen Entwicklungsgang geführt hätte, anschließen konnte, war der zweitbeste Weg, von einer allgemeinen Menschenerkenntnis auszugehen, die in objektiver Form dargestellt, doch ständige Anregungen zu einer individuellen Menschen- und Selbsterkenntnis bot. Diese Arbeit beschäftigte Steiner bis in den April des Jahres 1904 und fand ihren Niederschlag in dem Buch *Theosophie*[165].

Das Neue in diesem Werk kann man in dem Versuch sehen, die geistige Gestalt des Menschen, die sich in der Biographie zeigt, zu beschreiben. Beschreibungen dieser Art haben immer das Mißliche, daß sie nur Beobachtungshinweise sein können und daß sie nur dem etwas sagen, der die in Rede stehenden Beobachtungen nachvollziehen will. So hat Steiner aus Anlaß von Neuauflagen die Darstellungen dieses Buches viermal überarbeitet, indem er jeweils weitere Beobachtungshinweise hinzufügte und mögliche Einwände berücksichtigte; der Grundtext des Buches aber blieb unverändert. Steiner geht von der einfachen Tatsache aus, daß jeder Mensch die Vergangenheit *im Gedächtnis für die Erinnerung*[166] bewahrt und durch sein Handeln in die Welt hinauswirkt. So ist die individuelle geistige Gestalt zunächst durch das gekennzeichnet, was sie aus der Welt aufgenommen hat und was zu Schätzen der Erfahrung geworden ist. *Diese Schätze bleiben dem Geiste keineswegs in unveränderter Gestalt. Die Vorstellungen, die der Mensch aus den Erlebnissen gewinnt, schwinden in der Erinnerung allmählich dahin, nicht aber ihre Früchte.*[167] Die Erlebnisse, die man zum Beispiel beim Lernen im einzelnen durchmacht, werden vergessen und zu Fähigkeiten verwandelt. *Und das ist die Umwandlung, die der Geist mit den Erinnerungen vornimmt. Er überläßt die Bilder der Erlebnisse ihrem Schicksal und entnimmt ihnen nur die Kraft zur Erhöhung seiner Fähigkeiten.*[168] Andererseits steht der Mensch als Handelnder in der Welt: Von ihm gehen Wirkungen aus, die in der Welt weiterleben.

Rudolf Steiner, 1904

Was ich heute getan habe, bleibt für morgen bestehen. Es wird dauernd durch die Tat, wie meine Eindrücke von gestern für meine Seele dauernd geworden sind für das Gedächtnis.[169] *Ich bin in meinem Verhältnis zur Welt ein anderer, nachdem ich auf meine Umgebung einen Eindruck gemacht habe.*[170] Natürlicherweise lebt das, was vom Einzelnen ausgegangen ist, nicht so wie das Gedächtnis im Bewußtsein des Einzelnen, aber es ist unter anderem im Bewußtsein und in den Einstellungen seiner Mitmenschen durchaus vorhanden. Aus den Augen meiner Mitmenschen schaut mich an, was ich ihnen gestern zugefügt habe.

So zeichnet Steiner zunächst die geistige Gestalt des einzelnen Menschen, der in einem Doppelstrom steht: Einerseits strömt fortwährend Welterfahrung in ihn hinein und wird durch den menschlichen Geist teilweise in Fähigkeiten verwandelt, andererseits wirkt das menschliche Tun fortwährend in die Welt hinaus und lebt dort weiter. Durch einen zweiten Schritt der Selbsterkenntnis kann man bemerken, daß die Fähigkeiten durchaus individuell sind, ja man kann darüber hinaus noch beobachten, daß der Mensch nicht als Tabula rasa, sondern mit ganz bestimmten Fähigkeiten auf die Welt kommt. Natürlich sind diese Fähigkeiten bei einigen Menschen ausgeprägter als bei anderen, und im genaueren Hinblick zeigt sich, daß diese Fähigkeiten zwar leiblich-vererbter Grundlagen bedürfen, um sich zu realisieren, daß sie aber als spezifisch geistige Fähigkeiten nicht aus dem Erbstrom stammen. *Will man solche Fähigkeiten, die in Anlagen begründet sind, nicht als Wunder anstaunen, so muß man sie für Früchte von Erlebnissen halten, die das Geistselbst,* das heißt der individualisierte Geist, *durch eine Seele gehabt hat. Sie sind dem Geistselbst eingeprägt worden. Und da sie nicht in diesem Leben eingepflanzt worden sind, so in einem früheren... In einem Leben erscheint der menschliche Geist als Wiederholung seiner selbst mit den Früchten seiner vorigen Erlebnisse in vorhergehenden Lebensläufen.*[171] Von der Wahrheit dieses Gedankens kann man sich nur überzeugen, wenn man die selbständige Natur des Geistes erkennt und – zum Beispiel an sich selbst – die individuelle Gestalt der eigenen Anlagen immer genauer erforscht. Sollte man zu diesen Einsichten gelangen, so sind sie das erste Eingangstor in eine geistige Welt.

Das zweite Tor öffnet sich, wenn man verfolgt, wie unsere Fähigkeiten und unser Handeln unsere Erfahrungen bestimmen. Meine spezifischen Fähigkeiten führen mich in bestimmte Lebenszusammenhänge und schließen mich aus anderen aus. Einige Folgen meines Handelns treten mir wieder von außen entgegen. *Dies aber kann die Veranlassung dazu geben, das Leben daraufhin anzusehen, wie Schicksalsvorgänge in das Leben eintreten. Etwas stößt dem Menschen zu. Er ist wohl zunächst geneigt, ein solch Zustoßendes wie ein zufällig in sein Leben Eintreten-*

des zu betrachten. Allein er kann gewahr werden, wie er selbst das Ergebnis solcher Zufälle ist. Wer sich in seinem vierzigsten Lebensjahre betrachtet und mit der Frage nach seinem Seelenwesen nicht bei einer wesenlos abstrakten Ich-Vorstellung stehenbleiben will, der darf sich sagen: ich bin ja gar nichts anderes, als was ich geworden bin durch dasjenige, was mir bis heute schicksalsmäßig zugestoßen ist. Wäre ich nicht ein anderes, wenn ich zum Beispiel mit zwanzig Jahren eine bestimmte Reihe von Erlebnissen gehabt hätte statt derjenigen, die mich getroffen haben?[172] Geht man beobachtend dieser Frage nach, so kann man sich davon überzeugen, in welch hohem Maße man als Person durch das Schicksal und seine Herausforderungen geprägt ist und wie sinnvoll sich das, was einem von außen entgegentritt, mit den inneren Anlagen verbindet. Auf diese Weise wird man sein Ich *nicht nur in seinen von innen kommenden Entwicklungsimpulsen suchen, sondern in dem, was von außen gestaltend in sein Leben eingreift*[173]. Mit einem indischen Wort nennt man das Schicksal, das den Menschen so an sich «erinnert», «Karma».

Für Steiner sind nun die Erfahrungen von Wiederverkörperung und Karma, die er in den neunziger Jahren verworfen hatte[174], die beiden Tore, die in die geistige Welt führen: der innere und äußere Eingang zu einer umfassenden Gesetzmäßigkeit, in der sich der einzelne Mensch entwickelt. Die weiteren Inhalte des Buches *Theosophie* gründen in den sich durch Reinkarnation und Karma erschließenden Einblicken in die höheren Welten. Aus diesem Grund beschreibt Steiner die «Seelenwelt» und das «Geisterland» aus der Perspektive der Erfahrungen, die Seele und Geist auf ihrem Wege von Verkörperung zu Verkörperung in jenen Regionen machen. – Auch wenn man den Gedanken des Buches *Theosophie* nicht zustimmen kann, so wird doch deutlich, daß Steiner hier in abgewandelter Form seine ursprüngliche Intention, die Selbsterkenntnis zum Ausgangspunkt eines Wege zur höheren Erkenntnis zu machen, wiederaufnimmt. Er unterscheidet sich durch diesen Ansatz radikal von den früheren und damaligen Theosophen, die sich auf allerlei okkulte Praktiken verließen oder spiritistische Verfahren anwendeten.

Mit der *Theosophie* war für Steiner selbst ein erster Abschnitt seiner Entwicklung der Anthroposophie abgeschlossen. Im Jahre 1925 charakterisiert er die damals erreichte Stufe: *Ursprünglich war mein Plan, den wesentlichen Inhalt* (des Buches *Die Geheimwissenschaft,* das die Evolution von Mensch und Kosmos schildert) *der Theosophie anzufügen. Das ging nicht. Dieser Inhalt rundete sich damals, als die Theosophie ausgeführt wurde, nicht in der Art in mir ab wie derjenige der Theosophie. Ich hatte in meinen Imaginationen das geistige Wesen des Einzelmenschen vor meiner Seele stehen und konnte es darstellen, nicht aber standen damals schon die kosmischen Zusammenhänge, die in der*

Geheimwissenschaft darzulegen waren, ebenso vor mir. Sie waren im einzelnen da; nicht aber im Gesamtbild.[175]

Zunächst hoffte Steiner noch 1904 die *Geheimwissenschaft* fertigstellen zu können.[176] Vom Jahr 1905 an wurde das Buch immer wieder als «in Kürze erscheinend» angekündigt. Ein nachgelassenes Manuskriptfragment zeigt, daß Steiner den Inhalt des Werkes in einer ganz anderen Form als der heute vorliegenden darstellen wollte.[177] Zum anderen gibt es auch Aussagen Steiners, die erkennen lassen, daß ihm viele Dinge auf diesem Felde erst nach und nach klargeworden sind. So wurde er im Herbst 1905 einmal über die Gestalt des Noah befragt, und er antwortet: *Die Frage bezüglich Noah hängt zusammen mit meinen allerletzten okkulten Forschungen... Ich habe etwas verstehen gelernt, was ich dazumal (1904) schon angeführt hätte, wenn ich es dazumal schon verstanden hätte. Die Stelle mit Noah habe ich damals allegorisch genommen. Sie war mir ein Bild für die seelische Bedeutung.*[178] Eine solche nebenbei gemachte Bemerkung verdient aus zwei Gründen Interesse: Zum einen zeigt sie, daß Steiner nicht, wie man manchmal in Anthroposophenkreisen wähnt, immer schon alles gewußt hat, zum anderen räumt Steiner hier ein, daß er anfänglich auch «allegorische» Deutungsverfahren angewendet hat. So wundert es nicht, daß Steiner, als er Skizzen zur *Geheimwissenschaft* veröffentlichte, einleitend warnte: *Um einem möglichen Irrtum vorzubeugen, sei hier gleich gesagt, daß auch der geistigen Anschauung keine Unfehlbarkeit innewohnt. Auch diese Anschauung kann sich täuschen, kann ungenau, schief, verkehrt sehen. Von Irrtum frei ist auch auf diesem Felde kein Mensch, stünde er noch so hoch.*[179] Steiner hat seine sicher schwierigen und äußerst vielschichtigen Erlebnisse der Zeit, in der er die *Theosophie* und die *Geheimwissenschaft* schrieb, knapp zusammengefaßt: *Für mich waren die Jahre von 1901 bis 1907 oder 1908 eine Zeit, in der ich mit allen Seelenkräften unter dem Eindruck der an mich herankommenden Tatsachen und Wesenheiten der Geistwelt stand. Aus dem Erleben der allgemeinen Geistwelt wuchsen die besonderen Erkenntnisse heraus.*[180]

Um eine hinreichende Sicherheit der inneren Anschauung zu gewinnen, waren also für Steiner Jahre des Umgangs und Lebens mit den geistigen Erfahrungen notwendig, Jahre, in denen er zu den ersten Grundanschauungen weitere hinzufand. Darüber hinaus mußte er das, was sich geistig in ganz anderen Formen der Anschauung darbietet, in Vorstellungen und Gedanken gießen, die von den Zeitgenossen aufgenommen und verstanden werden konnten. Dieser Gestaltungsprozeß dauerte bis zum Jahre 1909: *1909 fühlte ich dann, daß ich mit diesen Voraussetzungen ein Buch zustandebringen könne, das: erstens den Inhalt meiner Geistesschau bis zu einem gewissen, aber zunächst genügenden*

Rudolf Steiner, 1908

Grade, in die Gedankenform gegossen brachte; und das zweitens von jedem denkenden Menschen, der sich keine Hindernisse vor das Verständnis legt, verstanden werden kann.[181] Von der Forschungs- und Strukturierungsarbeit kann man sich leicht durch zwei Vergleiche überzeugen, zum einen wenn man Steiners Darstellung mit älteren Kosmogonien, etwa der Blavatsky, zusammenhält, zum anderen wenn man Steiners eigene erste Skizzen zur Kosmogonie[182] mit dem Blick auf das in ihnen Fehlende liest: Man entdeckt dann, daß die ersten Skizzen schematisch-bildhafte Schilderungen sind, in denen konstitutive und erklärende Elemente, die in der *Geheimwissenschaft* ausgeführt werden, zumeist fehlen. Insgesamt hat Steiner mit der *Geheimwissenschaft* eine Epoche abgeschlossen. Die Leistung dieser Epoche besteht darin, daß Steiner die vielfach konfusen Inhalte des damals vorliegenden Okkultismus, in denen Wissenschaft und Irrtum innig vermengt waren, gereinigt, erweitert und in eine gedanklich gefaßte Form gebracht hat. Mit dieser ursprünglich nicht beabsichtigten Entfaltung der theosophischen Lehrinhalte in einem Riesenpanorama okkulter Wahrheiten setzte sich Steiner aber auch Mißverständnissen aus: Dem Normalbürger und Normalwissenschaftler mußte das Ganze als Spinnerei erscheinen, den mystisch veranlagten Okkultisten kamen seine Darstellungen viel zu rationalistisch, ja oberlehrerhaft vor, und ein guter Teil der Steiner anhängenden Theosophen faßten die Aussagen als schiere Tatsachenbeschreibungen auf und wollten immer noch mehr wissen und sahen dabei nicht, daß es Steiner besonders um den Gedankengang, um das Begreifen der Zusammenhänge ging. Nur wenige erkannten, daß die *Geheimwissenschaft* vor allem als ein Schulungsbuch zur Entwicklung neuer Gedankenformen gemeint war und daß dieses Studium der erste Schritt der Geistesschulung sein soll.

Der Aufbau der deutschen Theosophischen Gesellschaft

Überblickt man den Gesamtumfang der von Steiner von 1902 bis 1909 schriftlich und in Vorträgen dargestellten Inhalte, so könnte man versucht sein sich vorzustellen, daß Steiner in diesen Jahren nur geforscht, geschrieben und geredet habe. Die Wirklichkeit sah anders aus. 1904 beginnend und dann sich steigernd, war er immerfort in Sachen Theosophie unterwegs, so daß er von 1906 an den größeren Teil des Jahres auf Reisen war, um die theosophischen Arbeitszweige zu betreuen. Eine Zeitlang besuchte er jährlich etwa vierzig Städte, viele von ihnen mehrmals und wichtige Zentren sogar vier- oder fünfmal. Wenn es möglich war, hielt er mindestens einen öffentlichen Vortrag und einen für Mitglieder. Sehr bald stellten sich in jeder Stadt Scharen von Ratsuchenden bei Steiner ein. Der «Doktor», so nannten ihn die Theosophen, wurde in allen Lebens- und Seelenfragen in Anspruch genommen: Die engeren Schüler erbaten Hilfe für ihre geistigen Übungen, Eltern suchten Erziehungshilfen, Studenten Studienberatung, dann wieder ging es um weltanschauliche oder künstlerische Probleme und immer wieder um Fragen der Lebensführung. So dürfte es kaum ein Mitglied der Theosophischen Gesellschaft gegeben haben, das nicht die Gelegenheit, Steiner zu hören und zu sprechen, nutzte. Steiner seinerseits kannte in jenen frühen Jahren persönlich die überwiegende Mehrzahl der Mitglieder, ihre Fragen und Sorgen. Sein Wirken schuf in der Theosophischen Gesellschaft einen Boden, auf dem unter den Mitgliedern in den einzelnen Zentren und über die Zentren hinweg vielfache Kontakte und Freundschaften entstanden, ein Forum der Begegnungen, auf dem wechselseitige Hilfe, soziale, künstlerische und geistige Aktivitäten angeregt wurden. So wuchs die Gesellschaft bis zum Ersten Weltkrieg auf etwa 4000 Mitglieder an. Sie war keine «Organisation», sie war ein lebendiges Netz von Freundschaft und Hilfe: eine Wärmelandschaft in der modernen Gesellschaft.

Diese gewaltige Arbeitsfülle, deren Umfang noch genauer sichtbar werden wird, konnte Steiner nur bewältigen, weil er einen Menschen fand, der ihm mit absoluter Zuverlässigkeit energisch zur Seite stand: Marie von Sivers. Marie von Sivers stammte aus einer baltischen Offiziersfamilie, die durch Generationen in russischen Diensten gestanden hatte. 1867 in Wloclawek im damaligen Gouvernement Warschau geboren, war Marie von Sivers in St. Petersburg aufgewachsen. Dort hat sie eine vorzügliche Bildung genossen, die sie nach dem Schulabschluß durch Auslandsaufenthalte – vor allem in Paris – vertiefte. So beherrschte sie neben dem Deutschen und Russischen die französische, englische und italienische Sprache. Schon das machte sie zu einer idealen Ergänzung Steiners, dem diese Ausbildung fehlte. Ihre Interessen galten der Sprache und dem Schauspiel, und so ließ sie sich für eine Bühnenlaufbahn ausbilden. Kurz vor der Jahrhundertwende lernte sie das Werk des französischen Schriftstellers Édouard Schuré kennen. Schuré stand der Theosophie nahe und hatte über die «Großen Eingeweihten» und die «Heiligtümer des Orients» geschrieben und den Versuch unternommen, das Initiationsdrama von Eleusis zu rekonstruieren. So fand Marie von Sivers über Schuré den Weg zur Theosophischen Gesellschaft. Im Spätherbst 1900 hört sie während eines Aufenthalts in Berlin einige der Vorträge Steiners über die Mystik. Im Herbst 1901 kehrt sie für wenige Wochen nach Berlin zurück und besucht wiederum Steiners Vorträge, diesmal über die Mysterien des Altertums. Marie von Sivers hatte sich aber schon tiefer auf die theosophische Sache eingelassen und sich verpflichtet, noch im November 1901 mit einer Freundin nach Bologna zu gehen, um dort bei der Gründung eines theosophischen Zweiges zu helfen. Die Begegnung mit Steiner aber hatte beiderseits einen tiefen Eindruck hinterlassen, so daß Steiner, als er aufgefordert wurde, die Leitung der deutschen Sektion der Theosophischen Gesellschaft zu übernehmen, den Wunsch äußerte, Marie von Sivers möge als Sekretär dieser Sektion berufen werden. Marie von Sivers, die in Italien inzwischen bizarre Erfahrungen mit indischer Theosophie gemacht hatte, akzeptierte und kam am 17. September 1902 nach Berlin, um jene Aufgabe zu übernehmen, der sie ihr weiteres Leben widmete. Schon nach einer Woche berichtet Steiner: *Fräulein von Sivers waltet bereits ihres Amtes. Sie ist wirklich eine glänzende große Erscheinung innerhalb der jetzigen Misere. Ich bin froh, daß sie da ist. In jeder Beziehung kann ich auf sie bauen.*[183] Marie von Sivers besorgte einen Großteil der offiziellen Korrespondenz, sie führte die Akten der Sektion, sie arbeitete Steiners Reiserouten bis in die Details der Fahrpläne aus und sorgte für die Hotelreservierungen. Mit ihrer Hilfe begründete Steiner die Monatsschrift *Luzifer* (später: *Luzifer-Gnosis*). So erinnert sich Steiner an die Aufbauzeit: *Marie von Sivers hat das alles dadurch möglich gemacht, daß sie nicht nur nach ihren Kräften materielle Opfer gebracht, sondern ihre gesamte Arbeitskraft der Anthroposophie gewidmet hat. – Wir konnten wirklich anfangs nur aus den primitivsten Verhältnissen heraus arbeiten. Ich schrieb den größten Teil des Luzifer, Marie von Sivers besorgte die Korrespondenz. Wenn eine Nummer fertig war, dann besorgten wir selbst das Fertigen der Kreuzbänder, das Adressieren, das Bekleben mit Marken und trugen beide persönlich die Nummern in einem Waschkorbe zur Post.*[184]

1908 gründete Marie von Sivers einen Verlag, der auf die Produktionsmöglichkeiten Steiners und auf den Bedarf der Theosophischen Gesellschaft zugeschnitten war. Auch hier wurde klein und bescheiden begonnen: Es wurde für die Mitglieder produziert und der Großteil der Arbeit in eigener Regie mit wenigen Hilfskräften erledigt. Da schon früh unautorisierte Nachschriften von Steiners Vortragskursen zu zirkulieren begannen, ergriff Marie von Sivers die Initiative: Sie sorgte dafür, daß gute Stenographen die Kurse mitschrieben und daß sie von Adolf Arenson, einem qualifizierten Theosophen, durchgesehen wurden, weil Steiner dazu nicht kam, denn bei Steiner hätte die Durchsicht zu einer völligen Überarbeitung der Vorträge geführt. Der Verlag wuchs schnell, gegen Ende 1914 waren etwa 75 Titel von Steiner und anderen theosophischen Autoren erschienen. Steiner selbst sah in diesem Verlag immer ein Muster vernünftigen Wirtschaftens.

Noch in einer anderen Hinsicht war Marie von Sivers für Steiner unersetzlich: Ein Mann wie Steiner, der im Ruf steht, Hellseher, Okkultist und

Marie von Sivers (1903) «... und ich wurden bald tief befreundet. Und auf der Grundlage dieser Freundschaft entfaltete sich ein Zusammenarbeiten auf den verschiedensten geistigen Gebieten ...» (GA 28, S. 411)

alles mögliche sonst zu sein, wird unweigerlich zum Anziehungspunkt für exaltierte, hysterische oder irgendwie paranormal veranlagte Zeitgenossen. In seiner fast unbegrenzten Offenheit und Hilfsbereitschaft wäre Steiner diesen Menschen schutzlos ausgeliefert gewesen, hätte sich Marie von Sivers nicht gewissermaßen vor seine Tür gestellt: Mit exzellenten Umgangsformen, kritischer Sachlichkeit und einer in jeder Hinsicht gesunden Urteilskraft und manchmal auch mit ironischen Bemerkungen schuf sie im Umkreis Steiners den freien Raum und jene klare Luft, in der

Marie von Sivers und Rudolf Steiner, 1908

mystische Verschrobenheiten nur schlecht gedeihen konnten. Steiner brachte das auf die Formel, sie sei *die Reinemachefrau geworden für manche Dinge, die sich in manchen Köpfen angesammelt haben*[185]. Daß ihr diese Funktion manche Kritik einbrachte und sie nicht bei jedermann beliebt machte, nahm Marie von Sivers gelassen in Kauf. – Vielleicht war es ihr dann eine Entschädigung, daß Steiner, wenn er ungestört für zwei Wochen arbeiten wollte, sich mit ihr gemeinsam dem immer strapaziöseren Alltag entzog. In den ersten Jahren verschwand man in eine bescheidene «Sommerfrische», später jedoch – von 1907 bis 1912 – führten Kunstreisen nach Venedig, Mailand, Florenz, Rom und Sizilien. So absolvierte Steiner in seinem *fünften Lebensjahrzehnt eine hohe Schule des Kunststudiums... Überall war da Marie von Sivers mir zur Seite.*[186] Sie erlebte allerdings auch, daß Steiner, kaum aus Museen oder Kirchen zurück, auch in der unwirtlichsten Umgebung sich sofort wieder in seine Arbeiten vertiefte.

Schon in den ersten Jahren fanden sich um Steiner natürlich weitere Mitarbeiter ein. Diese waren auf höchst unterschiedliche Weise zur Theosophie gelangt. Der eine war durch Gotthold Ephraim Lessings

«Erziehung des Menschengeschlechts» zum Gedanken der Wiederverkörperung gekommen, andere waren durch Justinus Kerner oder die
«Bhagavadgita» angeregt worden, Fragen nach der geistigen Existenz des
Menschen zu stellen, und wieder andere hatten sich an Hand der deutschen Mystik zu schulen versucht, aber die erste engere Gruppe, die sich
um Steiner sammelte, war von der Theosophie der Blavatsky ausgegangen und verehrte vor allem Annie Besant, die damals die geistige Führe-
rin der Theosophischen Gesellschaft war. Für diesen Kreis mußte Steiner
an Blavatsky anknüpfen und dann behutsam zu seiner Theosophie hin-
führen. Das war für Steiner möglich, weil er die Größe und Tragik der
Blavatsky durchaus anerkannte: *Denn sie war eine menschliche Individualität, in der das Geistige durch einen merkwürdigen Atavismus wirkte,
wie es einst bei den Mysterienleitern gewirkt hat, in einem Bewußtseinszu-
stand, der gegenüber dem modernen von der Bewußtseinsseele durch-
leuchteten ein ins Traumhafte herabgestimmter war. So erneuerte sich in
dem Menschen Blavatsky etwas, das in uralter Zeit in den Mysterien heimisch war.*[187] Auch Annie Besant, die ihren Weg durch das Freidenker-
tum, den Sozialismus der Fabian Society und die Frauenbewegung zur
Theosophie der Blavatsky gefunden hatte, schätzte Steiner zunächst hoch
ein: *Für mich war Mrs. Besant durch gewisse Eigenschaften eine interes-*

Helena Petrowna Blavatsky
(1831–1891), die Begründerin
der Theosophischen Gesellschaft, die während der
ersten Hochflut des Materialismus alte Spiritualität
zu erneuern suchte

sante Persönlichkeit. Ich bemerkte an ihr, daß sie ein gewisses Recht habe, von der geistigen Welt aus ihren eigenen inneren Erlebnissen zu sprechen. Das innere Herankommen an die geistige Welt mit der Seele, das hatte sie. Es ist dies nur später überwuchert worden von äußerlichen Zielen, die sie sich stellte.[188] So entwickelte sich die deutsche Sektion zunächst im Rahmen der Theosophischen Gesellschaft im freundschaftlichen Zusammenwirken der führenden Persönlichkeiten, und Steiner lag an diesem Zusammenwirken unterschiedlicher Strömungen viel, denn er hoffte, daß trotz der Differenz geistiger Wege durch ein Zusammenwirken der ehrlich Strebenden eine *geistige Gemeinschaft in wirklich positiver Weise*[189] entstehen könne. Und so hat Steiner durch Jahre hin das Positive und Gemeinsame betont. Innerhalb der Theosophischen Gesellschaft bestand eine «Esoterische Schule», sie wurde von Annie Besant geleitet, und seit 1904 leitete Steiner die deutsche Abteilung dieser Schule. Den von ihm vertretenen Schulungsweg hatte Steiner in der *Theosophie* und in *Wie erlangt man Erkenntnisse der höheren Welten?* dargestellt. In der *Theosophie* beginnt diese Darstellung mit den Worten: *Die Erkenntnis der in diesem Buche gemeinten Geisteswissenschaft kann jeder Mensch sich selbst erwerben. Ausführungen von der Art, wie sie in dieser Schrift gegeben werden, liefern ein Gedankenbild der höheren Welten. Und sie sind in gewisser Beziehung der erste Schritt zur eigenen Anschauung. Denn der Mensch ist ein Gedankenwesen, und er kann seinen Erkenntnispfad nur finden, wenn er vom Denken ausgeht.*[190] Dann werden weitere Übungen geschildert, so die *rückhaltlose, unbefangene Hingabe an dasjenige, was das Menschenleben oder auch die außermenschliche Welt offenbaren*[191], die Bildung eines Urteils, in dem sich nicht die Person, sondern die Verhältnisse aussprechen, die Kontrolle und Beobachtung der eigenen Gefühle dergestalt, daß die Gefühle zum Wahrnehmungsorgan werden[192], und schließlich geht es um den *Verzicht auf Willkür*[193] im eigenen Handeln. Erst auf dieser Basis der Selbstverwandlung beginnen dann jene Meditationsübungen, die schrittweise zu höheren Erkenntnissen führen.

Innerhalb der Theosophischen Gesellschaft wurden jedoch, namentlich durch Charles Leadbeater, Erkenntnismethoden verwendet, die nicht vom Denken ausgingen und auch auf die Übungen verzichteten, durch die der Schüler seine eigene Seele kontrolliert und verwandelt. Diese Methoden haben den scheinbaren Vorzug, daß sie viel schneller zu «Resultaten» führen. Schon 1906 hatte Steiner Annie Besant aus Anlaß eines Skandals, in den Leadbeater verwickelt war, auf die Gefahren dieser Methode hingewiesen. Er verwies darauf, daß die Methoden Leadbeaters nur angewendet werden dürfen, wenn der Schüler unter der *absoluten Autorität eines Guru* stehe, dies sei aber im Abendland unmöglich, und deshalb müsse für den modernen Menschen der Guru durch eine *mentale Schulung ersetzt werden. Ich meine damit nicht eine bloß intellektuell-philosophische Schulung, sondern die Entwicklung jener Bewußtseinsstufe, welche in gedanklich-innerem Schauen besteht.*[194] Frau Besant, die bis zu einem gewissen Grade auf Leadbeaters Offenbarungen und Praktiken angewiesen war, ging auf diese Bedenken Steiners nicht ein. Deshalb löste Steiner 1907 die von ihm geleitete Esoterische Schule aus der von Annie Besant geführten heraus. Annie Besant schrieb darüber: «Dr. Steiners okkulte Schulung ist von der unsrigen sehr verschieden. Er kennt den östlichen Weg nicht, daher kann er ihn auch nicht lehren. Er lehrt den christlich-rosenkreuzerischen Weg, der für manche Menschen eine Hilfe, aber von unserem verschieden ist. Er hat seine eigene Schule und trägt auch selbst die Verantwortung dafür. Ich halte ihn für einen sehr guten Lehrer in seiner eigenen Richtung und für einen Mann mit wirklichen Erkenntnissen. Er und ich arbeiten in vollkommener Freundschaft und Harmonie, aber in verschiedener Richtung.»[195] Etwa in dieser Zeit änderte sich auch das Gesicht der deutschen Sektion der Theosophischen Gesellschaft. Sie bestand jetzt zum allergrößten Teil aus Mitgliedern, die durch Steiners öffentliche Vorträge für die Theosophie gewonnen worden waren. Die Theosophen, die ursprünglich der anglo-indischen Richtung anhingen, hatten die Gesellschaft zumeist wieder verlassen oder durch Steiner eine neue Orientierung erhalten. Mit den neuen Mitgliedern traten nun auch neue Fragen und andere Bedürfnisse auf. Das war wichtig, denn für Steiner galt: *Eine Gesellschaft wie die Anthroposophische konnte nicht anders, als aus den Seelenbedürfnissen ihrer Mitglieder heraus gestaltet werden. Es konnte nicht ein abstraktes Programm geben, das da besagte: in der «Anthroposophischen Gesellschaft» wird dies und das getan, sondern es mußte aus der Wirklichkeit heraus gearbeitet werden. Diese Wirklichkeit sind aber eben die Seelenbedürfnisse der Mitglieder... Dadurch ergab sich eine Gestaltung der Gesellschaft aus Persönlichkeiten, von denen die einen mehr Religiöses, andere Wissenschaftliches, andere Künstlerisches suchten. Und was gesucht wurde, mußte gefunden werden können.*[196] Seit etwa 1907 zeigte sich für Steiner, daß die neugewonnene Mitgliedschaft von der Theosophie die Beantwortung religiöser Fragen erwartete: *Da war vor allem eine starke Neigung vorhanden, die Evangelien und den Schrift-Inhalt der Bibel überhaupt in dem Lichte dargestellt zu hören, das sich als das theosophische ergeben hatte. Man wollte in Kursen über diese der Menschheit gegebenen Offenbarungen hören.*[197] So kam es, daß Steiner von Ende 1906 bis 1912 allein zwölf längere Vortragskurse über biblische Themen hielt. Ein Teil dieser Kurse freilich war zugleich als Einführung in die Theosophie gedacht und trägt deshalb Titel wie *Theosophie im Anschluß an das Johannes-Evangelium.* – Für andere Kreise hingegen trug

Steiner über Kosmogonie und Kosmologie und andere Themen vor. Eine besondere Entwicklung aber wurde in München möglich, wo Künstler und künstlerisch interessierte Menschen den theosophischen Kreisen angehörten. Hier ergriff Steiner die Chance, das theosophische Leben aus der bloßen Innerlichkeit und aus dem Betrachten zur darstellenden Aktivität zu führen. Er nutzte die Gelegenheit des theosophischen Kongresses 1907, um Schurés Drama über die eleusinischen Mysterien zu inszenieren. 1909 wurde in München ein weiteres Drama von Schuré auf die Bühne gebracht. Steiner war sehr wohl bewußt, daß dieses Theaterspielen nur den Ansatz des Künstlerischen enthielt, aber er hoffte, so Spieler und Zuschauer anzuregen, aus dem Theoretischen heraus und zu einem lebensvolleren Erfassen des Geistigen hinzuführen. Als ihm eine hochbegabte russische Malerin vorwarf, sich mit Schuré abzugeben, dessen Werk keine Kunst, sondern nur grobe Illustration sei, erwiderte er, daß es falsch sei zu glauben, daß wenn *ich diese Sachen aufführe, dies auch bedeuten würde, daß sie mir gefallen. Aber anderes gibt es zur Zeit nicht, und den Menschen ist es nötig... Ich verstehe Sie sehr gut – aber ich muß wirken.*[198]

Die Trennung von der Theosophischen Gesellschaft

Indem Steiner sich 1902 in den Dienst der theosophischen Bewegung stellte, verzichtete er weitgehend darauf, in erster Linie das zu tun, was er selber wollte. Er griff die Aufgaben auf, die von außen als Fragen, als Aufforderungen und Bedürfnisse der theosophischen Mitgliedschaft an ihn herantraten. Diese Bestrebungen versuchte er in die ihm recht erscheinende Richtung zu lenken. Wo man ihn nicht fragte oder hören wollte, hielt er sich ganz zurück. Ebenso verzichtete er darauf, zu allem seine Meinung zu sagen oder sich in die inneren Konflikte der Theosophischen Gesellschaft einzumischen. Bei den internationalen Zusammenkünften betonte Steiner deshalb immer wieder, daß die Theosophische Gesellschaft als solche keine Dogmen verkünde, sondern der Ort sei, *an dem das frei vorgebracht werden könne, was sich Einzelne erarbeiten*[199]. In einem Nachruf auf den 1907 verstorbenen Präsidenten Henry Steel Olcott formulierte er dies besonders klar: *Vor allem muß dem administrativen Leiter einer solchen Gesellschaft, wie es die Theosophische ist, ein feiner Takt eigen sein, nach keiner Richtung hin das vollkommen freie geistige Wirken zu beeinträchtigen. Man kann wohl die Gesellschaft verwalten; man kann aber nicht den Betrieb der Geisteswissenschaft verwalten. Was innerhalb der Gesellschaft gelehrt oder gepflegt wird, das muß lediglich den einzelnen Persönlichkeiten überlassen bleiben. In dem Augenblicke,*

Annie Besant (1847–1933) und Rudolf Steiner in München, 1907.
«Aber was (Annie Besant) von der Geist-Welt sagte, war doch aus dieser heraus.»
(GA 28, S. 429)

in dem irgendetwas von Lehre oder Dogma in die Gesellschaft als solche einfließen würde, wäre es um sie oder ihre Mission geschehen.[200]

Als Annie Besant 1907 das Präsidentenamt der Gesellschaft übernahm, zeigte sich bald, daß sie ihr Amt anders als Olcott verstand. Zusammen mit Charles Leadbeater war sie der Ansicht, es sei die Aufgabe der theosophischen Bewegung, die Menschheit auf das Kommen eines Weltlehrers oder Weltheilandes vorzubereiten. Leadbeater hatte schon 1907 einen Knaben, Hubert van Hook, gefunden, in dem er jenen Menschen sah, in dem sich dieser Weltlehrer verkörpern solle. Doch im April 1909 «entdeckte» er in Adyar, dem Hauptquartier der internationalen Theosophischen Gesellschaft, Krishnamurti, einen Hindu-Knaben, den er nach einer «Initation» im Januar 1910 als künftigen Weltlehrer proklamierte. Diese Vorstellung mit allerlei Ausschmückungen wurde sehr bald in der theosophischen Publizistik propagiert. 1911 wurde ein Orden für das Kommen des Weltlehrers gegründet, der von Frau Besant den Namen Orden des Sterns im Osten erhielt. In vielen Ländern wurden Repräsentanten dieses Ordens ernannt. Dabei wurde in Indien erklärt, Krishnamurti sei der künftige Meister Maitreya, im Westen ging man zeitweise so weit, Krishnamurti als wiederkommenden Christus zu verkünden, was nach der Lehre Leadbeaters denn auch ein und dasselbe war.[201]

Es ist nun bemerkenswert, daß sich Steiner zu diesen Vorgängen zunächst nicht äußerte. Aber die Zuhörer der Vorträge und Kurse Steiners, besonders diejenigen, die die anglo-indischen Blätter[202] lasen, bemerkten, daß Steiners Ansichten sich von jenen Besants und Leadbeaters grundlegend unterschieden. Aber gegenüber denen, die Differenzen betonen wollten, wiegelte Steiner zunächst ab, und auf der Generalversammlung der deutschen Sektion im Oktober 1909 konstatierte er: *Besant und Steiner kommen also offenbar recht gut nebeneinander aus, auch wenn sie verschiedene Wege gehen.*[203] Er wollte also keinen Dogmenstreit. In einem Nebensatz, der sich auf die Wiederkunft Christi bezieht, deutete er knapp auf die Differenzen, indem er sagte, *in Bezug auf die Art und den Zeitpunkt zeigen mir meine Erkenntnisse anderes als Mrs. Besant*[204]. Daß Steiner 1909 so zurückhaltend reagierte, ist erklärbar. Zum einen hoffte er darauf, daß Annie Besants kritischer Geist wieder erwachen würde, zum anderen waren die späteren Absurditäten noch nicht eingetreten. Im Januar 1910 begann Steiner jedoch, an Hand historischer Beispiele vor der Vorstellung einer abermaligen irdischen Verkörperung Christi zu warnen. Damit aber sprach er nur aus, was er seit Jahren[205] lehrte und in die Worte zusammengefaßt hatte, daß das *«Mysterium von Golgatha» der Mittelpunkt alles Erdengeschehens sei*[206]. Der durch Leben, Tod und Auferstehung Christi mit der Erde verbundene *Christus-Impuls* wirkt in der Geschichte weiter. *Was durch die Christus-Erscheinung der Menschheitsentwicklung zugeflossen ist, wirkte wie ein Same in derselben. Der Same kann nur allmählich reifen.*[207] Das Christentum ist in diesem Sinne nicht eine einmalige Offenbarung oder Lehre, sondern ein Impuls, der sich erst in ferner Zukunft ganz entfalten wird. In der Offenbarung, die Paulus vor

Damaskus geworden war, sah Steiner die Vorwegnahme einer unmittelbaren geistigen Christus-Erfahrung, die der Menschheit noch bevorsteht: die Wiederkunft Christi. Diesen Gedanken trug er 1911 in dem Buch *Die geistige Führung des Menschen und der Menschheit* vor: *Als Paulus vor Damaskus hellsichtig geworden war, konnte er erkennen, daß in den Geist der Erde übergegangen war, was früher im Kosmos war.*[208] *Davon wird sich jeder überzeugen können, der seine Seele dazu bringen kann, das Ereignis von Damaskus nachzuleben. Im zwanzigsten Jahrhundert werden die ersten Menschen auftreten, welche das Christus-Ereignis des Paulus in geistiger Weise erleben werden. – Während bis zu dieser Zeit dieses Ereignis nur diejenigen Menschen erleben konnten, welche sich durch esoterische Schulung hellsichtige Kräfte aneigneten, wird künftig durch die naturgemäße Menschheitsentwicklung den fortschreitenden Seelenkräften das Schauen Christi in der Geistessphäre der Erde möglich sein.*[209]

Man hat Steiner vorgeworfen[210], daß er diese Gedanken nur aus Anlaß der von Besant und Leadbeater ausgehenden Werbung für den neuen Weltheiland entwickelt habe. Daran mag richtig sein, daß Steiner sich verpflichtet fühlte, diejenigen, die auf ihn hörten, auf das höchst Fragwürdige der Lehren Leadbeaters aufmerksam zu machen. Auch sah er in dem pseudoreligiösen Krishnamurti-Unternehmen, das später scheiterte, eine Gefahr für die Theosophie. Aber man sollte nicht übersehen, daß Steiner seit dem Anfang seines theosophischen Wirkens für eine spirituelle Auffassung des Christentums eingetreten war. *Die Theosophie soll geistig erheben zur Geistigkeit, damit die Menschen erkennen, daß er da ist, damit sie wissen, wo sie ihn zu finden haben, und damit sie hören das lebendige Wort dessen, der da gesagt hat: «Ich bin bei euch alle Tage bis ans Ende der Welt.»*[211] – In diesem 1904 ausgesprochenen Gedanken ist der Tendenz nach alles enthalten, was Steiner seit 1910 Besants und Leadbeaters Verkündigung entgegenstellte.

In den bisherigen Veröffentlichungen zum Leben Steiners sind die Vorgänge, die zur Trennung von der Theosophischen Gesellschaft führten, meist so dargestellt worden, als ob es sich hier in erster Linie um einen quasi-theologischen Dogmenstreit gehandelt habe. Ohne die Bedeutung der unterschiedlichen Auffassungen für die Loslösung herunterspielen zu wollen, muß man jedoch anmerken, daß diese Darstellung ex post die Akzente verschiebt. Steiner wollte die Auseinandersetzung mit geistigen Mitteln führen und sich innerhalb der Theosophischen Gesellschaft einer geistigen Auseinandersetzung stellen. Die andere Seite jedoch griff zu organisatorischen Mitteln. So versuchte man zum Beispiel Steiners Tätigkeit in der Schweiz, wo seit 1905 eine Reihe Steiner anhängender Arbeitsgruppen bestanden, dadurch zu verhindern, daß man fast aus dem Nichts heraus eine Besant-treue schweizerische Sektion der Theosophischen

Gesellschaft schuf. Das hätte nach der Konstitution der Gesellschaft bedeutet, daß Steiner nur noch auf Einladung dieser Sektion in der Schweiz hätte reden dürfen. Ebenso sagte man den Kongreß der europäischen Sektionen, der für 1911 in Genua vorgesehen war, in letzter Minute ab, um die geistige Auseinandersetzung zu vermeiden. Doch auch über diese und andere Vorgänge schwieg Steiner, und als seine Freunde Ende 1911 auf der Generalversammlung der deutschen Sektion zur Sezession drängten, widersetzte er sich mit den Worten: ... *es besteht einmal bei den Individualitäten, die die führenden unserer theosophischen Bewegung sind, die Meinung, daß man die Gesellschaft so lange halten soll, als es nur irgend geht! Und das ist es, was es mir schwierig macht, irgendeine unmittelbare Initiative anzuempfehlen zu irgendeinem Zerstören der Gesellschaft.*[212]

Erst im Sommer 1912, als Steiner von den Vertretern des Ordens des Sterns im Osten in Deutschland massiv angegriffen wurde, als dieser Orden in Deutschland Propaganda zu treiben begann und als man von Steiner verlangte, Gruppen, die diesem Orden verpflichtet waren, in die deutsche Sektion aufzunehmen, und als die Theosophische Gesellschaft gegen ihre Verfassung zu einem Instrument religiöser Mission gemacht wurde, brach Steiner sein Schweigen und setzte sich zur Wehr. Er wurde spöttisch und stellte die Frage, ob es denn möglich sei, *einen Verein oder Orden für das Herannahen von künftigen Weltheilanden* zu gründen, und verglich das mit der Idee, einen Verein zu gründen für *das Kommen eines «Bismarck».*[213] Schließlich zog Anfang 1913 Annie Besant die Stiftungsurkunde der deutschen Sektion zurück und schloß damit die deutsche Sektion de facto aus der Theosophischen Gesellschaft aus.

Schon Ende Dezember 1912 war formlos in Köln die Anthroposophische Gesellschaft gebildet worden, die sich dann 1913 auf einer Generalversammlung in Berlin konstituierte. Als Steiner Ende Dezember in Köln den ersten Kurs für die Mitglieder der neuen Gesellschaft hielt, wählte er das Thema *Die Bhagavadgita und die Paulusbriefe*. Er wollte mit diesem Zeichen erkennbar machen, daß es sich bei der Auseinandersetzung zwischen der alten Theosophischen Gesellschaft und ihm nicht um den Gegensatz zwischen östlicher und westlicher Geistigkeit handelte. *Aus diesem Grunde ist auch an den Ausgangspunkt dieser anthroposophischen Bewegung gerade dieser Vortragszyklus gesetzt worden, der den Beweis liefern soll, daß es sich nicht um etwas Enges handelt, sondern daß wir gerade in unserer Bewegung unseren Horizont ausdehnen können über jene Weiten, die auch das morgenländische Denken erfassen.*[214] Wohl in derselben Absicht sprach er auch im Februar auf der Gründungsversammlung der Anthroposophischen Gesellschaft über *Die Mysterien des Morgenlandes und des Christentums*[215] und im Mai 1913 in Helsinki in neun Vorträgen über *Die okkulten Grundlagen der Bhagavadgita*[216].

Künstlerische Impulse

Die skizzierten Auseinandersetzungen haben Steiner gewiß strapaziert und ihn viel Zeit gekostet, doch sind zwei andere Tätigkeitsfelder in dieser Periode von 1910 bis 1916 für Steiners Intentionen viel charakteristischer: zum einen das Ringen um die Entwicklung und Darstellung der Anthroposophie im engeren Sinne und zum anderen der Versuch, eigenständige Kunstformen zu entwickeln. Wie ist dieses Mühen um künstlerischen Ausdruck zu verstehen? Im Sinne Steiners soll die Anthroposophie keine Lehre und keine Theorie sein, sondern geistig-seelisches Leben; alles Leben aber drängt nach Gestalt, nach Ausdruck und Darstellung. Die erste Möglichkeit, anthroposophisches Leben darzustellen, ergibt sich in einem Drama, das das innere Leben, Kämpfen und Versagen von Menschen spiegelt. So stellte Steiner in seinen zwischen 1910 und 1913 entstandenen vier Mysteriendramen eine Gemeinschaft von Menschen, die sich individuell unterschiedlich entwickeln, auf die Bühne. Auf diese Individualisierung kam es Steiner an. Denn: *Es gibt keine Entwicklung an sich, keine Entwicklung im Allgemeinen; es gibt nur die Entwicklung des einen oder des anderen oder des dritten, des vierten oder des tausendsten Menschen. Und so viele Menschen es auf der Welt gibt, soviele Entwicklungsprozesse muß es geben.*[217] Deshalb ging Steiner bei der Zeichnung der Charaktere von wirklichen, ihm bekannten Personen aus.

Der spirituelle Realismus dieser Dramen zeigt sich u. a. auch darin, daß es im Verlauf der vier Dramen nicht allein aufwärts geht und schöner, besser und heiliger wird. Im Gegenteil, in dem Maße, in dem die in den Dramen dargestellte Menschengruppe aus ihren inneren Kreisen heraustritt und im allgemeinen Leben wirksam werden will, verschärfen sich die Krisen, und das vierte Drama zeigt dann das Scheitern des Versuchs, unternehmerisch tätig zu werden. Daß dieses Scheitern nicht auf das Konto der bösen Welt geht, läßt Steiner am Ende des vierten Dramas eine Gestalt aussprechen. Sie erkennt,

... daß der Widerstand nicht nur
Von außen meinem Schaffen sich erzeugt',
Daß innre Mängel sich im Grundgedanken
Der Arbeit hemmend in den Weg gestellt.[218]

So wird *eignes irrtumsvolles Denken*[219] zum Grunde des Scheiterns. In mancherlei Hinsicht erscheinen so die Mysteriendramen als ein prophetischer Vorgriff auf die Geschichte der Anthroposophischen Gesellschaft, die durch ihre praktischen Unternehmen ebenso in eine Krise geriet.

Im Zusammenhang mit diesen dramatischen Aufführungen entstand

Sophie Stinde (1853–1915),
Malerin, Leiterin der anthroposo-
phischen Arbeit in München. Sie
förderte mit großer Energie die
Aufführung der Mysteriendramen
Steiners und den Bau des ersten
Goetheanum

bei einigen führenden Anthroposophen die Idee, für die anthroposophische Arbeit und für die Aufführung der Dramen einen eigenen Bau zu
schaffen. Ursprünglich sollte dieser Bau in München entstehen, aber die
Münchner Kunstexperten hatten gegen die wahrlich harmlose Außenge-
staltung der Gesamtanlage immer neue Einwände. Steiner, der sich keinen Illusionen über die politische Lage hingab und der in einem Brief an
seine Mutter im April 1913 geschrieben hatte, *der Krieg droht fortwährend zu kommen*[220], erschien die ständige Verzögerung bedenklich. So
griff er das Angebot auf, in Dornach bei Basel zu bauen, und gab dem
Bauverein den Rat, dieses Angebot anzunehmen. Hier muß angemerkt
werden, daß Steiner – wie bei späteren Unternehmungen und Aktionen
auch – nicht der Initiator des Bauens war. *Ich selbst betrachtete mich nur
als den Beauftragten dieser Träger der Bauabsicht. Ich glaubte, meine
Kraft auf den Ausbau der inneren geistigen Arbeit der Anthroposophie
konzentrieren zu müssen, und nahm daher dankbar die Initiative hin, derselben eine eigene Wirkensstätte zu schaffen. In dem Augenblick aber, in
dem die Initiative ihrer Verwirklichung entgegenging, war die künstlerische Ausgestaltung für mich eine Sache der inneren geistigen Arbeit.*[221] Allerdings beriet sich Steiner mit den Mitgliedern des Bauvereins. *Ich habe,
bevor das Goetheanum in Angriff genommen wurde, den maßgebenden
Persönlichkeiten nach meinen Einsichten gesagt, was für künstlerische
Empfindungen für Holz, was für ein anderes Material in Betracht kämen.*

Man entschied sich für Holz, weil man damals auf dem Standpunkt stand, so idealistisch als möglich vorzugehen.[222] So entwarf Steiner in Abänderung des Münchner Projekts das Goetheanum als freistehenden Doppelkuppelbau, der auf einem Betonunterbau ruht. Über den Baugedanken hat sich Steiner ausführlich geäußert.[223] Es ging ihm um die Entwicklung organischer Bauformen. *Und rein künstlerisch ist für das Goetheanum entstanden, was man einen Baustil nennen kann, der von der Symmetrie, Wiederholung und so weiter zu dem übergehen mußte, was in den Formen des organischen Lebens atmet. Der Zuschauerraum zum Beispiel hatte zu beiden Seiten sieben Säulen. Nur immer eine rechts und links hatten gleichgebildete Kapitäle. Dagegen war jedes folgende Kapitäl die metamorphosische Entwicklung des vorigen.*[224] So wurde derjenige, der vom Westen her den Zuschauerraum betrat, mit seinen Blicken an Kapitälen und Architraven durch eine organisch sich entwickelnde Gestaltenreihe zum Blick auf den Bühnenraum geführt.

Am 20. September 1913 wurde der Grundstein zum Goetheanum gelegt. In den nächsten Monaten entstand der Betonunterbau, und bereits

Das erste Goetheanum, Januar 1919

am 1. April 1914 konnte das Richtfest gefeiert werden. Steiner fuhr während des Winters monatlich für mehrere Tage nach Dornach; von Juni 1914 an wurde Dornach zu seinem Hauptwohnsitz. Hier arbeitete Steiner ständig an Entwürfen und Modellen, ja an statischen Berechnungen für den Doppelkuppelbau. Seit Februar hatte sich eine wachsende Zahl von anthroposophischen Helfern am Bau eingefunden, so daß Steiner nach dem Brand des Goetheanum 1923 schreiben konnte: *An diesem Bau wurde nun seit fast zehn Jahren von Freunden der Anthroposophie gearbeitet. Schwer zu bringende Opfer materieller Art kamen von vielen Seiten: Künstler, Techniker und Wissenschafter arbeiteten in hingebungsvollster Art mit. Wer im anthroposophischen Kreise die Möglichkeit hatte, an dem Werke zu arbeiten, der tat es. Die schwierigsten Arbeiten wurden bereitwilligst übernommen.*[225] Und so war es. Unter den Schnitzern am Bau sah man nicht nur begeisterte Damen, sondern auch den russischen Romancier Andrej Belyj und den Schweizer Dichter Albert Steffen. Und wer nicht schnitzen konnte, schliff die Stemmeißel, rieb Farben oder half bei der Bereitung der Malgründe für die auszumalende Kuppel. Mitten in dem fröhlichen Lärm der Hämmer und Klöppel sah man Steiner in weißem Kittel mit hohen Stiefeln, er führte vor, wie man im Schnitzen die Fläche behandelt, er korrigierte einen malerischen Entwurf und verschwand dann zur Beratung mit den Architekten im Baubüro.

Der Ausbruch des Ersten Weltkrieges am 1. August 1914 veränderte diese Szene schlagartig. Die meist deutschen Bauleute folgten der Einberufung, und ebenso eilten viele andere Mitarbeiter in ihre Heimatländer. 25 Arbeiter, einige Künstler und die nicht dienstpflichtigen Frauen führten die Arbeit weiter. Langsam legte sich die ganze Last der Weiterführung der Arbeit auf die Schultern Steiners. Das Geld der deutschen Spender verlor ständig an Wert, schließlich blieb es ganz aus. Die engagierteste Trägerin der Arbeit im Bauverein, Sophie Stinde, verstarb unerwartet im November 1915. So wurde es von Jahr zu Jahr mühseliger, den Bau und den Betrieb im Bau weiterzuführen. Schließlich blieb auch die Sorge um die Beschaffung der Geldmittel an Steiner hängen, und im November 1922 mußte er in Holland sagen: *Das Goetheanum ist mit Enthusiasmus zu bauen begonnen worden. Gerade bei denjenigen, die im Ausgangspunkte diesen Enthusiasmus entwickelt haben, ist dieser Enthusiasmus verrauscht, und heute haben diese eigentlich mir allein die Sorge überlassen, wie es nun weitergehen soll.*[226]

Ein Problem ganz anderer Art stellte sich nach Kriegsausbruch für Steiner durch die Tatsache, daß unter den am Goetheanum verbliebenen Mitarbeitern mehr als zehn Nationen vertreten waren: Russen und Engländer, Deutsche und Österreicher, Polen, Tschechen, Holländer, Amerikaner, Norweger sowie Schweizer, und wenngleich sie alle Anthroposophen

Im Zuschauerraum des ersten Goetheanum. Blick auf den Eingang, die Orgel-
empore und die ersten Säulen. Bleistiftzeichnung von Friedrich Bergmann

waren, so dachten und empfanden sie ganz verschieden über den Krieg
und seine Ursachen. Steiner verzichtete darauf, diesen Menschen ständig
eine friedfertige Gesinnung anzuempfehlen. Vielmehr sorgte er dafür,
daß seine Mitarbeiter neben der Arbeit am Bau Gelegenheit zum künstle-

Haus Duldeck, 1915 erbaut, zeigt den ersten Versuch der plastischen Behandlung des Betons durch Rudolf Steiner

rischen Zusammenspiel hatten. Außer der Musik bot sich hier vor allem das Drama und die seit 1912 von Steiner geschaffene Bewegungskunst der Eurythmie an. So wurde in den Kriegsjahren in Dornach nach und nach der ganze «Faust» in Szene gesetzt. Rudolf Steiner, der im Dezember 1914 Marie von Sivers geheiratet hatte, leitete die Probenarbeit zusammen mit seiner Frau. Aus dieser Arbeit sind dann nach dem Tode Steiners die «Faust»-Inszenierungen Marie Steiners am Goetheanum erwachsen.

Für die Entwicklung der anthroposophischen Kunst-Übung vielleicht noch wichtiger war die Ausgestaltung der Eurythmie. Steiner hatte im September 1912 für eine Schülerin die ersten Anregungen zu einer *Eurythmie als sichtbarer Sprache* gegeben. Bis zum Kriegsausbruch 1914 waren diese ersten Anregungen von jüngeren Frauen aufgegriffen worden. Während der Kriegsjahre bot sich in Dornach die Möglichkeit, über die ersten Schritte hinauszugehen, da Steiner in Tatiana Kisseleff, einer Russin, eine begabte Künstlerin fand, die lernend-lehrend sich ganz der Eurythmie widmete. Sehr bald nahm Marie Steiner die Eurythmie in ihre Obhut, leitete die Proben, bis man Steiner das Erarbeitete vorführte. Steiner schuf bis zuletzt immer neue choreographische Formen für die Eurythmie und wurde nie müde, vor den eurythmischen Aufführungen durch einleitende Worte die Absichten der Eurythmie zu erläutern: Das Sprechen ist die differenzierteste Form menschlicher Bewegung, die zu plastisch-musikalischen Gestaltungen in Wort und Satz führt. Diese lassen sich durch den menschlichen Organismus, besonders durch die *ausdrucksvollsten Organe, durch Arme und Hände, nachbilden. Man schafft dadurch die Möglichkeit, daß, was beim Singen, Sprechen gehört wird, gesehen werden kann*[227]. Wenn die Eurythmie ihr Ziel erreicht, entsteht für den hörenden Zuschauer eine neue Form des Kunstgenusses: das synästhetische sehende Hören und hörende Sehen. Während des Weltkrieges gelang es, die Eurythmie zur Bühnenreife zu führen. Die erste öffentliche Eurythmie-Aufführung fand dann in Zürich am 24. Februar

Tatiana Kisseleff
(1881–1970),
die zu Rudolf Steiners
Zeiten überragende
Eurythmistin in Dornach

1919 statt. Bald folgten weitere öffentliche Darbietungen in der Schweiz, in Holland und Deutschland, in England, Österreich und der Tschechoslowakei, bis sich die Eurythmie einen kleinen, aber festen Kreis von Zuschauern erworben hatte.

Anthroposophie als Menschenkunde

Der Laie in Fragen der okkulten Forschung könnte geneigt sein anzunehmen, daß die höheren geistigen Welten und vom Menschen weit entfernte Bereiche des Kosmos am schwierigsten zu erforschen sind. Das trifft nur in einem sehr eingeschränkten Sinne zu, weil sich viele grundlegende Wahrheiten für den zuverlässigen Forscher, der sich in der Geistwelt orientiert, in einem frühen Stadium seiner Forschung enthüllen, und die Schwierigkeiten liegen darin, vom Prinzipiellen zu den Einzelheiten fortzuschreiten. Vom okkulten Gesichtspunkt sind deshalb die physischen Verhältnisse am mühsamsten zu erforschen. Dieser Tatbestand spiegelt sich auch in der geschichtlichen Überlieferung. So ist beispielsweise die Lehre von den höheren geistigen Wesen spätestens in der Hierarchienlehre des Dionysios Areopagita vorhanden, und ebenso war die spirituelle Kosmologie in der Antike bekannt. Der schwierigste Gegenstand geistiger Forschung ist der Mensch, nicht nur weil im Menschen die Evolution des Makrokosmos wie in einem Mikrokosmos zusammengezogen ist, sondern und vor allem weil im Menschen eine neue Stufe der Evolution zur Erscheinung kommt. Am Menschen selber wiederum ist der hochkomplexe physische Leib dem Geistesforscher das größte Rätsel.

Nachdem Steiner mit der 1909 fertiggestellten *Geheimwissenschaft* die Summe des alten Okkultismus gezogen und ihn im Sinne des Entwicklungs- und Reinkarnationsgedankens ergänzt hatte, ging er an die Erforschung und Ausarbeitung der Anthroposophie als Menschenkunde. Den Anfang machte er im Oktober 1909 mit vier Vorträgen über Anthroposophie[228], bald darauf versuchte er das mündlich Dargestellte in schriftlicher Form zu fassen. Dieser Versuch[229], der Fragment blieb und von Steiner nicht veröffentlicht wurde, ist von größtem Interesse, weil er erlaubt, Steiners Forschen etwas genauer zu verfolgen. Da die menschliche Organisation uns durch die Sinne gegeben ist – Novalis nennt unseren Körper sogar die «gemeinschaftliche Centralwirkung unserer Sinne»[230] –, beginnt Steiner mit der Beschreibung der unmittelbaren Sinnestätigkeit, also mit der Beschreibung des Sehens, Hörens, Riechens etc. Die Kenntnis dieser Tätigkeiten liegt der Deutung der Sinnesorgane zugrunde: Auf Grund unserer Seherfahrung deuten wir das Funktionieren des Auges und nicht umgekehrt. Aus der Beobachtung der einzelnen Sinnestätigkeiten ergeben sich fundamentale Unterschiede zwischen den einzelnen Sinnestätigkeiten, die zeigen, in wie radikal verschiedener Art wir mit dem zusammenleben, was sich durch die jeweiligen Sinne zeigt. Eine Sinnestätigkeit im allgemeinen gibt es nicht. Es ergibt sich aus der Analyse des Gesamtumfangs der Erfahrung des weiteren, daß es mehr als die fünf oder sieben bekannten Sinne gibt. 1909/10 fand Steiner zunächst zehn verschiedene Sinnesbezirke, deren Strukturen sich ihm imaginativ darstellten. Hier bereits erwies es sich als sehr mühsam, die Imaginationen in Gedanken zu fassen und dann wieder in Worte zu kleiden. Noch schwieriger wurde es, die Bildung und Entwicklung der Sinne und ihren Zusammenhang mit den durch sie sich offenbarenden Welten darzustellen.

Nun ist es interessant zu sehen, daß Steiner bis zum November 1910 die Schrift *Anthroposophie* zur Hälfte fertiggestellt und in Druck gegeben hat. Er war davon überzeugt, *daß die Arbeit so bald wie möglich vorgelegt werden soll*[231]. Aber er stockte. Es ergab sich ihm, daß es notwendig sei, *eine besondere Ausarbeitung des imaginativen, inspirierten Erkennens gerade mit Bezug auf diese anthroposophischen Fragen*[232] zu entwickeln. Es wurde Steiner *immer klarer und klarer,* daß man eine Anthroposophie *erst dann vollenden kann, wenn man innerlich anschauend darauf kommt zu sehen, wie das, was man da … als geistig-seelische Tätigkeit arbeitend im Nervensystem erblickt*[233]. mit dem ganzen menschlichen Organismus in Zusammenhang steht. In den in Prag 1911 gehaltenen Vorträgen über *Eine okkulte Physiologie*[234] kann man einen Ausdruck dieses «Forschungsprogrammes» sehen. In den folgenden Jahren setzte Steiner diese Untersuchungen fort. Die in seinem Nachlaß aufgefundenen Notizbücher dokumentieren zum Beispiel sehr differenzierte Studien zur weiteren Entwicklung der Sinneslehre.[235] 1913 sprach Steiner nicht mehr von zehn, sondern von zwölf Sinnen, gleichzeitig arbeitete er an der weiteren Ausarbeitung einer Psychologie, wobei er zunächst mit einer Viergliederung des Seelenlebens in Vorstellen, Begehren, Urteilen und Wahrnehmen experimentierte.[236]

Die ersten Kriegsjahre unterbrachen dann Steiners umfangreiche Vortrags- und Reisetätigkeit, weil Reisen nach Norwegen, Holland, England und Frankreich unmöglich und Reisen zwischen der Schweiz, Deutschland und Österreich schwierig wurden. Die gewonnene Zeit nutzte Steiner nicht nur für seine okkulten Forschungen, sondern auch zum Studium der neuesten physiologischen und anatomischen Forschungsergebnisse. So gelangte er endlich auf sehr vielen verschiedenen Wegen – durch unmittelbare Geistesforschung, durch Untersuchungen der Funktionen des menschlichen Geistes, durch vertiefte psychologische Beobachtung und durch anatomisch-physiologisches Studium der Leibesorganisation – zu jenen Resultaten, die zeigen sollen, wie das Geistig-Seelische nicht nur mit der Nerven-Sinnes-Organisation, sondern wie es mit der Gesamtorganisation des Menschen zusammenhängt.

Seltsamerweise veröffentlichte Steiner *die Ergebnisse einer dreißig Jahre währenden geisteswissenschaftlichen Forschung*[237] nicht in einem selbständigen größeren Werk, sondern fügte sie als sechsten Anhang auf dreizehn Seiten zusammengefaßt seinem 1917 erschienenen Buch *Von Seelenrätseln* an. Der Text trägt die Überschrift *Die physischen und geistigen Abhängigkeiten der Menschenwesenheit*[238]. Die Grundthese dieser Darlegungen ist, daß man zum Verständnis der Beziehungen des Seelenlebens zum Leib einerseits und zum Geist andererseits von einer Dreigliederung des Seelenlebens in *Vorstellen, Fühlen und Wollen*[239] ausgehen muß. Dann führt Steiner aus: *Die körperlichen Gegenstücke zum Seelischen des Vorstellens hat man in den Vorgängen des Nervensystems mit ihrem Auslaufen in die Sinnesorgane einerseits und die leibliche Innenorganisation andererseits zu sehen.*[240] Zu diesem Tatbestand ist in der Wissenschaft eine *Grundlage vorzüglicher Art* vorhanden. Das Fühlen aber steht in Beziehung zu dem *Lebensrhythmus*, der in der *Atmungstätigkeit seine Mitte hat und mit ihr zusammenhängt.*[241] *Und bezüglich des Wollens findet man, daß dieses sich in ähnlicher Art stützt auf Stoffwechselvorgänge.*[242] Vorstellen, Fühlen und Wollen unterscheiden sich ferner durch verschiedene Grade der Bewußtheit. Nur das Vorstellen geschieht vollbewußt, das Fühlen – das freilich viel intensiver sein kann – verläuft in jener Bewußtheit, *welche die Traumvorstellungen haben. Das Wollen ... wird in keinem höheren Grade bewußt erlebt, als in jenem ganz dumpfen, der im Schlafe vorhanden ist.*[243] Bei dieser Gliederung ist zu berücksichtigen, daß die nur ideell zu unterscheidenden Prozesse seelisch und physiologisch nicht *neben-, sondern ineinander verlaufen*[244]. – Besonders wichtig ist, daß Vorstellen, Fühlen und Wollen in verschiedenartigen Verhältnissen zu ihrem leiblichen Korrelat stehen. Während das, was in der Nervenorganisation physiologisch beobachtet werden kann, mit dem Inhaltlichen des Vorstellens keine Beziehungen hat – man bekommt von falschen Gedanken keine Kopfschmerzen –, ist das Verhältnis des Fühlens und Wollens zu ihren leiblichen Korrelaten enger, und zwar so, daß zum Beispiel die Affekte mehr oder weniger stark die rhythmischen Vorgänge beeinflussen und sich in ihnen ausdrücken, während das Wollen im engsten Zusammenhang mit den Stoffwechselprozessen verläuft. Zur Illustration dieses Teils der Steinerschen Ansichten, die 1917 revolutionär waren, könnte beispielsweise aus der heutigen psychosomatischen Forschung reiches Material vorgelegt werden.

Der zweite Teil der Darstellung umreißt die Beziehungen der Menschen zum Geistigen. Steiner führt aus, daß sich für das Vorstellen wie im Leibe die Nerventätigkeit, so im Geistigen eine Grundlage findet. *Die*

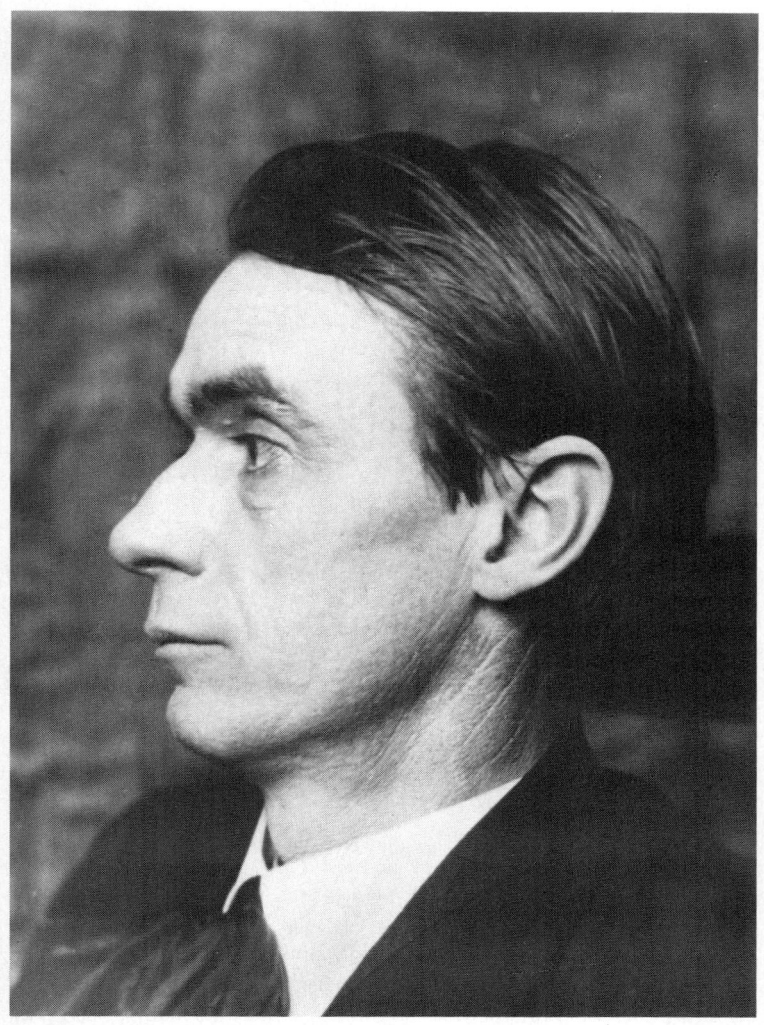
Rudolf Steiner, um 1910

Seele steht nach der anderen, vom Leibe abgewandten Seite in Beziehung zu einem geistig Wesenhaften, das die Grundlage ist für das Vorstellen des gewöhnlichen Bewußtseins. Dieses geistig Wesenhafte kann aber nur durch schauendes Erkennen erlebt werden. Und es wird so erlebt, indem sich sein Inhalt als gegliederte Imaginationen dem schauenden Bewußtsein

Wenn sich innerlich Vorstellungen an Wahrnehmungen (Sinnes-) knüpfen, so ist in der unmittelbaren Vorstellungswahrnehmung das gegeben, was (bei) den andern Sinnen mittelbar erflossen wird.

Beim Laut, Ton, Wärme u. s. w. liegt vor:
die Wahrnehmung und Vorstellung
beim Vorstellungswahrnehmen wird
der Laut als solcher abgehalten.

beim Begriff wird der Laut abgefallen
beim Laut " " Ton "
" Ton " " Gleichgewicht entgegengestellt.
" Wärme
" Licht
" Geschmack
" Geruch
" Gleichgew.
" Bewegung
" Leben " Bewegung aufgenommen.

Aus einem Notizbuch Rudolf Steiners, Aufzeichnungen zur Sinneslehre

darstellt.[245] Das gewöhnliche Bewußtsein kann die Spuren der Imaginationen im Vorstellen entdecken. Reflektiert man zum Beispiel über eine etwas umfangreichere Idee wie «Organismus», so wird man gewahr, daß man den Inhalt dieser Idee nur schrittweise erfaßt, man denkt nacheinander Begriffe wie «gesetzmäßige Entwicklung», «Wachstum», «Organ», «Funktion», «Verhältnis zur Umwelt», «Differenzierung» etc. und kann dabei bemerken, daß alle die einzelnen Begriffe ihren Sinn und Inhalt nur durch jenes Gewebe von Bezügen erhalten, das sie aufeinander verweist und zur Gesamtidee «Organismus» vereint. Diese Verweise und der Gesamtzusammenhang, die im Hintergrund des Denkens immer mitgedacht werden, sind der Hinweis auf die dem Vorstellen geistig zugrunde liegende Imagination. Stellt man sich ein Bewußtsein vor, das die Begriffe nicht zeitlich nacheinander (diskursiv) denkt, sondern gesamthaft auffaßt, so hat man einen Begriff von dem, was Steiner mit «Imagination» meint.

Ebenso wie dem Vorstellen als dirigierendes Element die Imagination innewohnt, so wirkt im Fühlen ein Element, *das innerhalb der anthroposophischen Forschung durch Methoden gefunden wird, welche ich in meinen Schriften als diejenigen der Inspiration bezeichne*[246]. *– Das Wollen, das nach dem Leibe hin auf den Stoffwechselvorgängen beruht, erströmt aus dem Geiste für das schauende Bewußtsein durch dasjenige, was ich ... die wahrhaftigen Intuitionen nenne.*[247] Von dem, was Steiner hier meint, kann man in Kürze nur sagen, daß man eine Vorstellung von jenem Geistigen, das dem Fühlen zugrunde liegt, erhält, wenn man das Lebensgefühl eines Menschen – man denke vielleicht an Franz Kafka – als Gesamtheit anschaut. Das intuitive Element kommt in den Blick, wenn man sich klarmacht, wie man im Handeln, ohne es zu bemerken, sich auf äußere Sachverhalte einstellt. So wie Vorstellen, Fühlen und Wollen in unterschiedlich intensiven Beziehungen zu ihren physischen Korrelaten stehen, so drückt sich auch das Geistige unterschiedlich aus. Im Gewebe des Vorstellens findet sich ein erstarrtes Abbild der Imagination, die inspirativen und intuitiven Elemente jedoch kommen in dem Maße, in dem sie in die körperlichen Vorgänge eingreifen, nur andeutungsweise zum Ausdruck.

Die gesamte, von Steiner nach 1917 vorgetragene Anthroposophie ruht in ihren wesentlichen Elementen auf der hier skizzierten Idee der Dreigliederung des Menschen, die den Versuch unternimmt, das Zusammenwirken von Leib, Seele und Geist im Menschen in dreifach differenzierter Weise zu beschreiben. Die ausführlichste Darstellung dieser Idee gab Steiner in dem Kurs über *Allgemeine Menschenkunde*, den er 1919 für die Waldorfschul-Lehrerschaft hielt. Insgesamt zeigt Steiner, daß das, was in der Philosophie als Leib-Seele-Problem figuriert, als Leib-Seele-Geist-Verhältnis gesehen werden muß und daß dieses Verhältnis nicht pauschal, sondern in dreifach verschiedener Art aufzufassen und zu untersuchen ist.

Impulse für die Praxis

Die Dreigliederung des sozialen Organismus

Die europäische Katastrophe, die durch den Ausbruch des Ersten Weltkrieges markiert und beschleunigt wurde, hat Steiner nicht nur persönlich
erschüttert, sondern auch seine geistige Arbeit beeinträchtigt. Als man
ihn im September 1914 aufforderte, die großen Vortragskurse der Vor-
kriegszeit während des Krieges fortzusetzen, mußte er seinen enttäusch-
ten Freunden sagen, daß dies nicht möglich sei. *Ich kann zwar erstaunt
sein... daß da oder dort geglaubt werden konnte, daß die ernste Kraft, die
anzuwenden ist, um ein Wichtigstes auf dem Gebiet der Geisteswissenschaft zu sagen... auch aufgebracht werden könnte in solchen Zeiten, wie
die sind, in denen wir jetzt leben.*[248] So fällt denn auch bei Durchsicht der
Vorträge, die Steiner während des Weltkrieges gehalten hat, auf, daß er
sehr oft darauf verzichtete, Erkenntnisse aus seiner geistigen Forschung
mitzuteilen, weil er der Ansicht war, daß *höchste Wahrheiten nicht in den
Sturm hinein gesagt werden können*[249]. Der protestantische Pfarrer Friedrich Rittelmeyer, der immer den Mut hatte, Steiner ganz naive Fragen zu
stellen, berichtete von einem Gespräch im Sommer 1915: «‹Kann man
eigentlich wissen, wie der Weltkrieg ausgeht?› fragte ich. ‹*Das könnte
man schon*›, erwiderte er. ‹*Aber dann müßte man sich von aller Mitwir-
kung an den Ereignissen zurückziehen. Es geht nicht, daß man über diese
Dinge okkult forscht und dann dieses Wissen einfließen läßt in das, was
man selbst tut.*›»[250] Ganz offensichtlich aber wollte Steiner kein unbeteilig-
ter Zeitgenosse sein, und so gründen sich seine Äußerungen zu den Zeit-
ereignissen auf allgemein zugänglichen Quellen, *wobei man keine Rück-
sicht zu nehmen hatte auf zugrundeliegende okkulte Erkenntnisse*[251]. So
schaltete sich Steiner wie andere Gelehrte auch in die geistig-politischen
Tageskämpfe ein, und er verfaßte 1915 eine Broschüre, *Gedanken während der Zeit des Krieges*, die recht einseitig ausfiel. Obwohl Steiner seine
Gedanken nie widerrief, zog er doch die Konsequenz: *So habe ich mich*

mit Händen und Füßen gesträubt, jemals eine weitere Auflage dieses Büchleins erscheinen zu lassen.[252]

Steiner war kein deutsch-österreichischer Patriot im üblichen Sinne des Wortes. Er hielt Erich Ludendorff, Paul von Hindenburg und Wilhelm II. ebenso wie die agrarisch-industriellen Cliquen für Verderber des deutschen Volkes. Aber Steiner wurzelte andererseits mit allen Fasern in jenem geistigen Deutschtum, das in der Weimarer Klassik in Erscheinung getreten war, und er war der Überzeugung, daß die Stimme des deutschen Geistes im Konzert der europäischen Völker nicht fehlen dürfe. Er meinte, daß Deutschland eine geschichtliche Aufgabe zu erfüllen habe, und hoffte, daß in Deutschland Modelle freiheitlich-individualistischer Lösungen der sozialen Fragen entwickelt würden.[253] Was als imperialistische Machtpolitik der deutschen «Staatsmänner» auftrat, war in seinen Augen das Gegenbild des wahren Deutschtums.[254] Das Verhängnisvolle dieser instinktlosen «Realpolitik» wurde vollends offenbar, als 1917 zwischen dem amerikanischen Präsidenten Woodrow Wilson und Lenin der Ideenkampf um die Kriegsziele entbrannte und die Lenker der deutschen Geschicke die Bedeutung dieser Auseinandersetzung verschliefen und weiterhin territoriale Kriegsziele – wie den Erwerb Belgiens – öffentlich diskutierten. Unter all diesem litt Steiner, der die Vorgänge akribisch verfolgte, intensiv.[255] In dieser Situation wurde Steiner von Otto Graf Lerchenfeld, einem langjährigen Anthroposophen, der durch seinen Onkel, den bayerischen Gesandten in Berlin, Hugo Graf Lerchenfeld, Einblick in das deutsche Entscheidungschaos hatte, gefragt, ob er Rat wisse. Steiner reagierte sofort. In den folgenden Wochen entwickelte er die Idee der Dreigliederung des sozialen Organismus. Diese Ideen sollten als ein *mitteleuropäisches Programm*[256] den Vorschlägen Lenins und Wilsons entgegengestellt werden. Bei der Formulierung seiner Ideen hatte Steiner 1917 vor allem die Verhältnisse im östlichen Mitteleuropa vor Augen. In diesem Gebiet lebten damals die Angehörigen verschiedenster Völker nicht nur neben-, sondern miteinander im buntesten Gemisch. Hier mußte das von Wilson geforderte Selbstbestimmungsrecht der Völker, das nur durch neue Nationalstaaten zu verwirklichen war, zu permanenten Nationalitätenkonflikten führen, weil überall Majoritäten den Nationalstaat zur Unterdrückung von Minderheiten – etwa in der Sprachenpolitik – und zur Gewinnung wirtschaftlicher Vorteile nutzen würden. Deshalb schlug Steiner vor, die Macht des Staates auf den Bereich der Sicherheit einzuschränken: *Gegenstand einer demokratischen Volksvertretung können nur die rein politischen, die militärischen und die polizeilichen Angelegenheiten sein.*[257] Die wirtschaftlichen Aufgaben hingegen sollen in die Selbstverwaltung der Wirtschaft gegeben werden. *Alle juristischen, pädagogischen und geistigen Angelegenheiten werden in die Freiheit der Person*

Rudolf Steiner,
um 1916

*gegeben. Auf diesem Gebiete hat der Staat nur das Polizeirecht, nicht die
Initiative... Der Staat überläßt es den sach-, berufs- und völkermäßigen
Korporationen, ihre Gerichte, ihre Schulen, ihre Kirchen und so weiter zu
errichten, und er überläßt es dem einzelnen, sich seine Schule, seine Kirche, seinen Richter zu bestimmen.*[258] Die Einzelheiten dieser Vorschläge,
ihre Praktikabilität, können hier nicht dargelegt werden. Daß Steiner
1917 vieles zutreffend beurteilte, zeigen die Nationalitätenkonflikte, die
nach 1919 im östlichen Mitteleuropa begannen und bis in unsere Tage
namenloses Elend produzieren. Noch heute möchte man an den Satz Stei-

ners aus dem Jahre 1917 erinnern: *Die Völkerbefreiung ist möglich. Sie kann aber nur das E r g e b n i s, nicht die G r u n d l a g e der Menschenbefreiung sein. Sind die Menschen befreit, so werden es durch sie die Völker.*[259]

Die Gedanken und Memoranden Steiners wurden durch ihn selbst und durch Mittelsmänner führenden Politikern Deutschlands und Österreichs vorgetragen. Steiner selbst hatte Gelegenheit, mit dem deutschen Staatssekretär des Äußeren, Richard von Kühlmann, mit Prinz Max von Baden sowie mit Offizieren, Politikern, Diplomaten und Wirtschaftsführern über seine Vorschläge zu sprechen. Dabei stieß er durchaus auch auf Interesse und Zustimmung, es fehlte jedoch der Mut, sich für diese ideellen mitteleuropäischen Kriegsziele öffentlich auszusprechen, und das obwohl Steiner versuchte, es den Leuten leichtzumachen: Er wäre gern im Hintergrund geblieben und hätte auf die Autorschaft seiner Ideen verzichtet; damit kein Gerede entstehe, wußten nur fünf oder sechs wirklich diskrete Anthroposophen, die an der Sache unmittelbar beteiligt waren, von seinen Aktionen.[260]

Auf einem seltsamen Wege kam aber eines der Memoranden Steiners doch zur Wirkung. Ein Offizier des Generalkommandos in Stuttgart machte das Dokument Emil Molt und Carl Unger zugänglich. Molt und Unger waren Anthroposophen und Fabrikanten. Molt leitete die Zigarettenfabrik Waldorf-Astoria, Unger war der Inhaber einer kleinen Werkzeugmaschinenfabrik. Nach dem deutschen Zusammenbruch wandten

Emil Molt (1876–1936),
Mit-Initiator der
Dreigliederungsbewegung,
bat Rudolf Steiner um
die Gründung der
Freien Waldorfschule

sich beide an Steiner mit der Frage, was zu tun sei. Angesichts der veränderten Lage gab Steiner der Idee der Dreigliederung eine völlig neue, auf die sozialen Probleme des Jahres 1919 zugeschnittene Fassung. Auf Bitten von Molt und anderen verfaßte Steiner Anfang Februar einen *Aufruf an das deutsche Volk und an die Kulturwelt!*[261]. Dieser Aufruf, dem sich zahlreiche Menschen durch ihre Unterschrift anschlossen, diente der Eröffnung der Dreigliederungskampagne in Württemberg. Am 21. März stellte das Komitee für Dreigliederung, zu dem außer Molt und Unger der Tübinger Staatsrechtler Prof. Wilhelm von Blume gehörte, die Idee der Dreigliederung der Öffentlichkeit in Stuttgart vor. Dabei charakterisierte Professor von Blume, der als Schöpfer der neuen württembergischen Verfassung hohes Ansehen genoß, drastisch und anschaulich die Schäden, die sich aus der Verfilzung von Staat und Wirtschaft ergeben.

Steiner blieb in dieser Zeit noch in der Schweiz. Das hatte praktische Gründe. Zum einen war er in der Schweiz Ausländer, und ein plötzliches Auftreten Steiners auf der konflikträchtigen politischen Bühne Deutschlands hätte in der Schweiz zu negativen Rückwirkungen für das Goetheanum führen können. Deshalb hielt Steiner zunächst in Zürich, Bern und Basel je eine Reihe öffentlicher Vorträge.[262] Man sollte in der Schweiz aus erster Hand von seinen Ideen erfahren. Indem Steiner seine Gedanken in diesen Vorträgen entwickelte, sich den nachfolgenden Diskussionen stellte und auf das Echo seiner Ausführungen lauschte, konnte er zweitens mit der schriftlichen Ausformung seiner Konzeption, dem Buch *Die Kernpunkte der sozialen Frage*, beginnen. Erst als dieses Buch fertiggestellt und in Druck gegeben war, brach er am 20. April 1919 nach Stuttgart auf.

In Deutschland war in diesen Tagen und Wochen die politische Lage aufs höchste angespannt. Das Wort von der zweiten Revolution ging um. Im Ruhrgebiet streikten die Bergleute, in München schickten sich die Freikorps an, die Räterepublik zu liquidieren. In Stuttgart selbst war Anfang April der Versuch, die Regierung durch einen Generalstreik zu stürzen, mit Waffengewalt unterdrückt worden. Die Stuttgarter Dreigliederer waren während dieser Zeit nicht untätig gewesen und hatten besonders in der Arbeiterschaft ein starkes Echo gefunden. Unmittelbar nach Steiners Ankunft begannen die Beratungen mit dem Dreigliederungskomitee, die in den folgenden Tagen und Wochen fortgesetzt wurden. Am 21. April setzte Steiner die Stuttgarter Anthroposophen über seine Intentionen ins Bild, und dann folgten Tag für Tag die öffentlichen Dreigliederungsvorträge Steiners, zuerst für das allgemeine Publikum, dann auf Einladung der Betriebsräte vor den Arbeitern der großen Fabriken Stuttgarts. Im Mai und Juni folgten dann Vorträge Steiners und seiner Mitstreiter in der näheren und weiteren Umgebung Stuttgarts.

Am 10. Mai berichtet der Achtundfünfzigjährige seiner Mitarbeiterin

Edith Maryon (1872–1924), englische Bildhauerin, die ihr künstlerisches Können ganz in den Dienst des Goetheanum stellte. Sie knüpfte die Kontakte, die zu Rudolf Steiners pädagogischen Vorträgen in England führten

Edith Maryon in Dornach: *Jeden Tag wenigstens einen Vortrag mit dran sich schließender Diskussion zu halten, mutet dem alten Organismus viel zu, und ich wäre froh, wenn ich dazwischen an unserer künstlerischen Arbeit in Dornach auch noch andere Körperglieder anstrengen könnte als hier nur den Kehlkopf.*[263] Und am 4. Juni heißt es: *... viele Arbeit lastet auf mir. Und Arbeit, bei der wirklich alles lange bedacht sein will. Hätte man nicht zu allem übrigen noch immerfort die entstehenden Mißverständnisse gegen sich, so wäre natürlich alles leichter. Allein alles, was man sagt, wird sogleich zu etwas ganz anderem, wenn es wieder erzählt wird. Man sieht, daß einen die Leute bekämpfen von allen Seiten, weil sie falsch berichtet werden. Die Menschen haben das Bestreben, alles in eine Parteischablone hineinzuschieben, und wenn es eben etwas ist, was mit gar keiner Parteischablone zu tun hat, dann machen sie etwas ganz anderes daraus.*[264]

Während 1917 das Nationalitätenproblem im Vordergrund der Dreigliederungsidee stand, wird 1919 die Frage, wie Menschenwürde und Rechtsstellung der Arbeiter in einem dreigliedrigen sozialen Organismus ihren Ort finden, zum Thema. Ausgangspunkt ist die Idee, daß die drei Bereiche des sozialen Lebens sich nur dann gesund entwickeln können, wenn ihre je spezifischen Lebensbedingungen zur Geltung kommen. Das Geistesleben kann nur in Freiheit gedeihen, im Rechtsleben muß Gleichheit herrschen, das arbeitsteilige Wirtschaftsleben steht unter der Notwendigkeit brüderlicher Kooperation. Jeder Mensch lebt in den drei sozialen Systemen. Aus der Teilhabe am Geistesleben erwächst ihm das Gefühl der Menschenwürde; im Rechtsleben, etwa im Arbeitsrecht, stehen sich gleichberechtigte Partner gegenüber; die Kreisläufe des Wirtschaftslebens erfordern, wenn sie nicht aus dem Gleichgewicht geraten sollen, soziale, wechselseitige Abstimmung aller Beteiligten.

Die Inhalte und Akzente der Vorträge Steiners wandelten sich im Laufe der Wochen. Anfangs ging Steiner von dem Widerspruch aus, daß keine Zeit so sehr wie unsere von Theorien und Gedanken geleitet wird und daß man gleichzeitig alle Theorien und Gedanken als ohnmächtige Ideologie ansieht. Dieser Widerspruch steckt in der proletarischen Bewegung, die sich von den Gedanken des Marxismus leiten läßt und zugleich die Gedanken als Ideologie, das heißt als bloßen Schein ansieht. Steiner gestand die Ohnmacht eines Geisteslebens, das sich selbst für Ideologie hält, zu, fuhr aber fort: *Nicht in dem Konstatieren dessen, daß das Geistesleben Ideologie ist, liegt das Heilsame, sondern in dem Willen, wieder ein Geistesleben zu schaffen, das nicht Ideologie ist.*[265] *Was wir heute brauchen, sind andere Köpfe auf unsren Schultern. Köpfe, in denen neue Ideen sind, denn die alten Ideen haben uns in das Chaos gebracht.*[266] Solche Ideen entstehen in einem Geistesleben, das weder vom Staat reglementiert noch von der Wirtschaft gegängelt wird.

Im Mai 1919 stellte sich Steiner dann besonders der Betriebsrätebewegung zur Verfügung, weil sich hier die Möglichkeit bot, die Dreigliederung exemplarisch vorzuführen. Im Mitberaten, Mitgestalten und Mitverantworten der Produktionsprozesse sah Steiner ein Element tätigen Geisteslebens im Wirtschaften, durch das die Arbeiterschaft aus ihrer Unmündigkeit erlöst werden kann und das Gefühl erhält, sich als Mitgestalter in den Arbeitsprozeß einbringen zu können. Im partnerschaftlichen Mitwirken am Unternehmen wird die Gleichberechtigung der Arbeiter gegenüber dem Unternehmer realisiert, schließlich kann sich aus dem Zusammenwirken aller Betriebsräte einer Region brüderliche Kooperation im Hinblick auf die zu befriedigenden Bedürfnisse und die Stützung gesamtwirtschaftlich notwendiger Maßnahmen ergeben. Diese Betriebsräte sollten also nicht das fünfte Rad am Wagen der Wirtschaft sein, deren Zuständigkeit auf hygienische Maßnahmen im Betrieb eingeschränkt ist. Vor einem bürgerlichen Publikum warb Steiner um Verständnis für die Betriebsrätebewegung: *Menschen haben sich erhoben, Menschen, die in der verschiedensten Weise als Räte, als Menschenräte, die Weiterentwicklung in die Hand nehmen wollen, die von sich aus, von ihrer menschlichen Entschlußkraft, von ihrer menschlichen Einsicht, von ihrem menschlichen Willen aus eingreifen wollen in die Entwicklung.*[267]

Es ist kein Wunder, daß diese ernsthaften Initiativen zur freien Mitverantwortung und Mitgestaltung am Widerstand der alten Mächte scheiterten. Die Unternehmer beharrten auf ihrem Herr-im-Haus-Standpunkt, die Gewerkschaften scheuten eine reale Mitverantwortung und fürchteten, daß initiative Betriebsräte sich ihrer Kontrolle entziehen würden.

Nachdem der Dreigliederungsbewegung im großen kein rascher Erfolg beschieden war, entwickelten eine Reihe von Anthroposophen die Idee, durch wirtschaftlich arbeitende *Musterinstitutionen*[268] den Nachweis für die Tragfähigkeit ihrer Gedanken zu erbringen. Steiner wußte, daß sich das Geld für ein solches Projekt finden lassen würde, er hatte aber starke Bedenken, ob man die *Persönlichkeiten, die nun diese Geldmittel in der richtigen Weise verwerten und ausnützen können*[269], auffinden könne. Aber er wollte der Initiative seiner Freunde nicht im Wege stehen. Ja, er entwickelte die Idee eines *bankähnlichen Instituts, das mit seinen finanziellen Maßnahmen wirtschaftlichen und geistigen Unternehmungen dient*[270]. So wurde am 13. März 1920 in Stuttgart die Aktiengesellschaft Der Kommende Tag begründet. Da Steiner den Vorsitz im Aufsichtsrat dieser Aktiengesellschaft übernahm, sah er sich bald genötigt, sich um zahllose Einzelheiten zu kümmern, weil die Führung des Unternehmens ihren Aufgaben nicht gewachsen war und während der ersten beiden Jahre zweimal ausgewechselt werden mußte. Vor allem belasteten Steiner die permanenten Sitzungen sowie die unausgesprochenen Konflikte der Mitarbeiter, und er klagte, daß die fruchtbare Arbeit fortwährend behindert werde: *Die leidet vor allen Dingen dadurch, daß es eigentlich immer notwendig wird, endlose Debatten über Dinge zu führen, die in einer halben Stunde abgetan sein könnten, weil sich immer Dinge hineinmischen, die eigentlich garnicht da sein sollten.*[271] Dennoch gelang es schließlich, die Aktiengesellschaft so zu entwickeln, daß sie auch geistige Aktivitäten fördern konnte. So entstand in Stuttgart ein Klinisch-therapeutisches Institut, das in Zusammenarbeit mit dem pharmazeutischen Betrieb des Kommenden Tages Heilmittel und kosmetische Präparate entwickelte, die sich bewährten und später in die Weleda AG eingebracht wurden. Nicht weniger bedeutsam war die Arbeit in den Forschungsinstituten, die vom Kommenden Tag getragen wurden. Vor allem in der biologischen Abteilung gelang es, neue Test- und Forschungsmethoden zu entwickeln. Schließlich wurde auch die Waldorfschule für einige Jahre vom Kommenden Tag unterstützt. Als der Kommende Tag in der Konsolidierungsphase der deutschen Wirtschaft diese Unterstützung nicht mehr leisten konnte, wurde er 1925 aufgelöst.

Viel übler verlief die Entwicklung der Parallelunternehmung in der Schweiz. Während für das deutsche Unternehmen eine Reihe kaufmännisch erfahrener Unternehmer zur Verfügung standen, fehlten diese bei der von Roman Boos initiierten Gründung der Futurum AG ganz. Gegen Steiners Warnungen wurde in seiner Abwesenheit die Futurum AG gegründet und Steiner wiederum in Abwesenheit zum Vorsitzenden des Aufsichtsrates gewählt. *Ich habe mich nur mit dem größten Widerwillen entschlossen, den Vorsitz des Futurums, dessen Gründung nicht von meiner Initiative ausging, zu übernehmen. Ich bin in keiner Weise unterstützt worden von den Persönlichkeiten, die diese Initiative ergriffen haben.*[272] Die Leiter dieses Unternehmens verließen sich in altbackener Weise auf die wirtschaftliche Routine und verkannten die Fruchtbarkeit der anthroposophisch orientierten wirtschaftlichen Initiativen auf medizinischem und pharmazeutischem Felde, die später, als die Futurum AG aufgelöst werden mußte, paradoxerweise einen Teil der Schuldenlast übernahmen und sich trotz dieser Belastung gut entwickelt haben.

Die Freie Waldorfschule

Bei verschiedenen Gelegenheiten hat Steiner betont, *daß es viel zu wenig gesehen wird*, daß die Dreigliederungsbewegung und was ihr folgte nicht von ihm ausgegangen ist. Am Anfang der Dreigliederungsbewegung stand die Tatsache, daß *eine Anzahl von Menschen... zu mir gekommen sind und von mir wissen wollten, wie ich über den Fortgang des sozialen Menschenlebens... denke. Ich bin gefragt worden, die Leute sind zu mir gekommen... ich erwähne das nachdrücklich.*[273] Noch drastischer spricht er sich einmal über das Buch *Die Kernpunkte der sozialen Frage* aus: *...ich habe es nicht aus eigenem Antrieb geschrieben, es ist mir abgefordert worden.*[274] Anders verhält es sich mit der Gründung der Freien Waldorfschule. In dem Protokoll einer Unterredung Steiners mit Molt und Boos vom 27. Januar 1919 findet sich ein Satz, in dem Steiner nicht auf die ihm gestellten Fragen antwortet, sondern sagt, was er von sich aus will: *Wir müssen zuerst mit dem Geld, das wir noch haben, freie Schulen gründen, um den Leuten beizubringen, was sie brauchen.*[275] Dieser Satz, der wie ein erratischer Block im Protokoll steht, fiel bei Emil Molt auf fruchtbaren Boden. Aus dem täglichen Umgang mit der Arbeiterschaft wußte er, daß den Arbeitern die Zukunft ihrer Kinder besonders am Herzen lag. Am 23. April faßte dann der Betriebsrat der Waldorf-Astoria-Zigarettenfabrik auf Anregung Molts den Beschluß, Steiner zu bitten, die Leitung einer von der Waldorf-Astoria zu gründenden Schule zu übernehmen. In den nächsten Monaten konnte die ministerielle Genehmigung eingeholt, das Schulhaus und Schulgelände – Molt zahlte aus eigener Tasche – erworben und der Kern der künftigen Lehrerschaft berufen werden. Am 19. August holte Molt Steiner in Freiburg ab. Am nächsten Tag sollten die Kurse für Lehrer beginnen. «So heiter und vergnügt», erzählt Molt, «wie damals auf dieser ersten Reise habe ich Dr. Steiner nie mehr erlebt.»[276]

In der Tat: seit 1906 hatte Steiner immer wieder versucht, Anregungen zu Erziehungs- und Schulfragen zu geben[277], jetzt konnte er an deren Realisierung gehen. Die von ihm berufenen Lehrer waren nicht nur im besten Sinne gebildete Menschen, Wissenschaftler und Künstler, sondern auch in der überwiegenden Mehrzahl seit Jahren mit der Anthroposophie verbunden. So konnte er in den folgenden vierzehn Kurstagen in der umfassendsten Weise über Menschenerkenntnis, über Unterrichtsmethodik und über den Lehrplan sprechen sowie seminaristische Übungen durchführen. Schon am ersten Abend gab Steiner Richtlinien. *Die Waldorfschule soll keine Weltanschauungsschule sein, in der wir die Kinder möglichst mit anthroposophischen Dogmen vollstopfen... Wir wollen, was auf anthroposophischem Gebiet gewonnen werden kann, in wirkliche Unterrichtspraxis umsetzen... Wir müssen lebendiges Interesse haben für alles, was heute in der Zeit vor sich geht, sonst sind wir für diese Schule schlechte Lehrer. Wir dürfen uns nicht nur einsetzen für unsere besonderen Aufgaben.*[278] In den folgenden Kursen zeigte Steiner, wie aller Unterricht auf Menschenerkenntnis, auf eine wahre Psychologie und auf ein Verständnis für die Entwicklungsstufen gegründet sein kann, und er verdeutlichte, in welchem Sinne die Unterrichtsinhalte nicht um ihrer selbst willen betrieben, sondern als Erziehungsmittel einzusetzen sind.[279] Diese vielfach dargestellten Ideen der Waldorfschulpädagogik müssen hier im Zusammenhang der Biographie Steiners nicht nochmals ausgeführt werden.[280]

Die Anforderungen an die Lehrerschaft waren enorm. So hatte Steiner vorgesehen, Englisch und Französisch von der ersten Klasse an zu unterrichten, dafür gab es kein Vorbild. Die Lehrer mußten lernen, Unterrichtsinhalte frei zu gestalten und ohne das Korsett eines Lehrbuchs auszukommen. Für den Epochenunterricht und die künstlerische Gestaltung des Lehrens und Lernens mußten Formen gefunden werden, und außerdem mußte sich die Lehrerschaft in das mühsame Geschäft der kollegialen Selbstverwaltung hineinfinden. Denn obwohl Steiner der Leiter der Schule war, respektierte er die Autonomie der einzelnen Lehrer und der Lehrerschaft, überdies war er oft viele Wochen lang nicht in Stuttgart. Unter der zeitweilig strengen Leitung Steiners begann die Lehrerschaft schließlich die Selbstverwaltung zu praktizieren. Steiner nahm seine Führungsaufgabe in einer für ihn charakteristischen Art wahr. Erstens führte er durch immer neue Aufgabenstellungen und Anregungen. So machte er die Beobachtung und psychologische Beschreibung von Schülern zum

Das Hauptgebäude der Freien Waldorfschule in Stuttgart, 1923

ständigen Konferenzgespräch. Schüler, die ihm bei seinen zahlreichen Unterrichtsbesuchen aufgefallen waren, Sorgenkinder, die ihm von den Lehrern vorgestellt wurden, verfolgte er in ihrer Entwicklung und charakterisierte sie immer aufs neue. Die Lehrer lernten so die Kinder immer besser sehen. Zweitens wurden im weiteren Aufbau der Schule im Gespräch mit der Lehrerschaft neue Methoden und Lerninhalte entwickelt. Drittens korrigierte er seine Ansätze laufend. So hatte er beim Beginn der Schule Hausaufgaben aus hygienischen Gründen abgelehnt. Als er im Laufe der Zeit bemerkte, daß nicht genügend einprägsam und ökonomisch unterrichtet wurde, hieß es, *daß man zu einer Art modifizierter Hausarbeiten kommen muß. Wir werden die Kinder im Rechnen nicht heftelange Hausarbeiten machen lassen, aber wir werden den Kindern zuhause, wobei wir etwas individualisieren, auch auf dem Gebiete der Literaturgeschichte und Kunstgeschichte, Probleme zu lösen geben.*[281] Viertens sorgte er dafür, daß die Maßstäbe für die notwendigen Anforderungen nicht verwischt wurden. Schon bei Eröffnung der Schule hatte er erklärt: *Es ist selbstverständlich, daß die Kinder in den einzelnen Schulstufen so weit gebracht werden müssen, daß sie den Anforderungen entsprechen, die man nach den heutigen Anschauungen stellt.*[282] Nun drohte in diesem Punkte die Lehrerschaft manchmal den Realitätskontakt zu verlieren. Das zeigte sich, als nach zwei Jahren Waldorfschule ein staatlicher Schulrat die Schule inspizierte und einen Bericht schrieb, in welchem er eine Reihe von Mängeln rügte. Einige Lehrer beschwerten sich bei Steiner über diesen Bericht und klagten, er sei übelwollend, man sehe ihre Leistungen nicht. Nachdem Steiner den Bericht des Schulrates gelesen hatte, wurde er in der Konferenz deutlich: *Etwas Bedrückendes war für mich der Bericht des Schulrats. Ich habe aus dem, was Sie mitgeteilt haben, die Meinung gehabt, daß er unwohlwollend abgefaßt ist. Wohlwollend ist der Bericht! Ich muß gestehen, daß ich alles notwendig fand, was er hineingeschrieben hat... Die Dinge sind wahr, die darin stehen, das ist das Bittere.*[283] In diesem Sinne kritisierte er auch, daß die Lehrer im Unterricht zuviel dozieren, daß eine gewisse Entfremdung gegenüber dem Lehrstoff eingetreten sei und daß die Schüler dem Unterricht nicht innerlich folgen könnten. Besonders herb wandte sich Steiner gegen jeden pädagogischen Kitsch. Dann hob sich seine Stimme, etwa wenn er auf die Redensart zu sprechen kam, das Kind solle spielend lernen. *Man kann nichts Schlimmeres machen, als daß man es dahin bringt, daß das Kind spielend lernt. Wenn man es wirklich künstlich darauf anlegt, daß die Kinder spielend lernen, dann wird man nichts anderes erreichen, als daß die Kinder als erwachsene Menschen zuletzt aus dem Leben doch ein Spiel machen.*[284] In diesem Sinne wendet er sich heftig gegen das *Märchenerzählgetändel*[285] und gegen die *Tirade*: der Unterricht müsse den Kindern zur Freude werden. *Die Tatsache ist einfach diese, daß gewisse Dinge eben den Kindern keine Freude machen, daß diese Dinge aber trotzdem gemacht werden müssen. Würde der Unterrichter den Kindern lauter Freude machen wollen, so könnte sich zum Beispiel beim Kind das Pflichtgefühl nicht entwickeln, das nur durch Überwinden entwickelt werden kann. Das wäre kein Vorteil.* Es gehe vielmehr darum, *daß wir uns wirklich durch unsere pädagogische Kunst die Liebe der Kinder erwerben, so daß sie unter unserer Leitung sogar auch das machen, was ihnen nicht Freude, sondern was ihnen sogar Unlust und einen leichten Schmerz macht.*[286]

Die Waldorfschule wurde schließlich trotz großer ökonomischer Schwierigkeiten nach Überwindung einer inneren Krise im Jahre 1922 ein wirklicher Erfolg. Die Schülerzahl stieg von 256 im Jahre 1919 auf 784 im Jahre 1924. Der Ruf der Schule verbreitete sich schnell. Bereits 1920 wurde Steiner aufgefordert, in der Schweiz Kurse über seine Pädagogik zu geben, 1922, 1923 und 1924 folgten Kurse in England und Holland. Außerhalb Deutschlands fanden insgesamt acht größere Kurse über die neue Erziehungskunst statt. In Deutschland wurde die im April 1924 von der Anthroposophischen Gesellschaft und der Waldorfschule veranstaltete Erziehungstagung, die von 1700 Teilnehmern besucht wurde, zu einer Ovation für Steiner. Der Erfolg dieser ersten Waldorfschule, die unter weit schwierigeren Bedingungen als heutige Waldorfschulen arbeitete, beruhte in besonderem Maße auf Steiners Maxime, produktive Menschen als Waldorflehrer zu berufen. *Talente muß man in den Dienst der Sache stellen, nicht sie abstoßen. Wenn das in der Waldorfschule wirklich versucht wird, so ist es nur auf den Umstand zurückzuführen, daß ich selbst mir die Besetzung der Stellen vorbehalten habe.*[287] Wie glücklich Steiners Auswahl wirklich war, wurde erst nach seinem Tode offenkundig, als in den folgenden Jahrzehnten eine überraschend große Anzahl von Waldorflehrern durchaus originelle Werke zu den verschiedensten Themen vorzulegen begann, bei denen man insgesamt nur eines vergeblich sucht: die dogmatische Exekution einer fertigen Weltanschauung.

Medizin

Wie die Pädagogik gehört auch die Medizin zu jenen Arbeitsfeldern, bei denen Steiner von früh an eine Erweiterung und Befruchtung durch Anthroposophie für wichtig hielt. Pädagogik und Medizin ist gemeinsam, daß sie nicht bloße Wissenschaften sind. Beide sollen in praktisches Können, in Erziehungskunst und Heilkunst münden, und so erfordern Pädagogik und Medizin beide über das allgemeine und theoretische Wissen hinaus eine geistige Schulung, aus der intuitive Einsicht in den einzelnen, konkreten Fall und der Impuls zum Handeln entspringt. Deshalb schrieb Steiner bereits 1905 an Marie von Sivers: *Es ist unbedingt notwendig, daß gerade solche Studien wie die medizinischen vom theosophischen Geiste durchtränkt werden. Denn darauf kommt es an, daß mit der Wissenschaft sich die theosophische Auffassung verbinde. Die naturärztliche laienhafte Pfuscherei kann und darf nicht von uns in Schutz genommen werden. Das wäre eine Gefahr.*[288] So hielt Steiner seit 1905 nach theosophisch interessierten Ärzten Ausschau, diese gab es auch, aber ihre Auffassungen waren bereits – etwa durch die Homöopathie – weitgehend festgelegt. Um das Jahr 1908 begann in München eine Zusammenarbeit mit Dr. Felix Peipers, der in einer Privatklinik von sich aus eine Farbtherapie entwickelte. 1911 fand dann in Prag der für Ärzte gedachte Kurs über *Okkulte Physiologie* [289] statt, der aber nicht das erhoffte Echo fand. Steiner gab seine Pläne jedoch nicht auf. Als 1913 der Bau des Goetheanum in Dornach geplant wurde, reservierte er eine Geländeparzelle für den späteren Bau einer Klinik. Der Weltkrieg verschob auch die Fortführung dieser Pläne. Steiner aber wußte, daß die Entwicklung einer erweiterten Heilkunst Jahre dauern würde und daß die Zeit ihm weglief. Deshalb ergriff er im Januar 1920 die Gelegenheit, in einem Vortrag in Basel, in welchem er die Idee einer intuitiven Medizin skizziert hatte, auszusprechen, *wie gerade auf einem solchen Gebiet wie dem einer wirklichen intuitiven Medizin es das Ideal des Geisteswissenschaftlers wäre, sich einmal aussprechen zu können vor denjenigen, die ganz sachverständig sind*[290]. Ein Chemiker, Dr. Oskar Schmiedel, griff diesen Gedanken auf, und es gelang ihm, für das Frühjahr 1920 einen Kurs Steiners von zwanzig Vorträgen mit Aussprachen und Korreferaten zu organisieren. An diesem Kurs nahmen 33 Mediziner teil. Im April 1921 folgte ein zweiter Kurs. Im Zusammenhang mit diesen Kursen – aber nicht direkt durch sie veranlaßt – steht die Gründung zweier klinisch-therapeutischer Institute im Juni und August 1921, die auf ganz unterschiedliche Weise entstanden. Das eine Institut in Arlesheim (Basel-Land) entstand aus der persönlichen Initiative von Dr. Ita Wegman, die auch selber die Mittel zur Gründung der Klinik zusammengebracht hatte. In größerem Maßstab konnte zwei Monate später aus den Mitteln des Kommenden Tages in Stuttgart eine Klinik eröffnet werden. Steiner stellte nun einem der Stuttgarter Ärzte, der schon seit Jahren von Steiner Anregungen für therapeutische Verfahren und Heilmittel erhalten hatte, die Aufgabe, ein ärztliches Handbuch für die Praxis zu schaffen. Dabei ergaben sich – obwohl Steiner in zahlreichen Besprechungen mit den Ärzten in Stuttgart immer neue Anregungen äußerte – Hemmnisse, vornehmlich deshalb, weil sich diese Ärzte dem Geist der medizinischen Wissenschaft verpflichtet fühlten. Zur großen Enttäuschung Steiners kam das «Vademecum» genannte Handbuch nicht zustande. So kritisierte Steiner schließlich das ständige Theoretisieren[291] und das *Schweifwedeln vor der Wissenschaft. Darauf brauchen wir keinen Anspruch zu machen, daß die Universitätsprofessoren unser Vademecum loben. Innerlich muß es mit Gediegenheit auftreten können ...*[292]

Ganz anders entwickelte sich die Zusammenarbeit mit Ita Wegman. Wegman, die Steiner schon 1902 begegnet war, hatte als Heilgymnastin gearbeitet und begann ihr Medizinstudium erst im Alter von dreißig Jahren. Nach Promotion und Ausbildung zur Fachärztin eröffnete sie in Zürich eine eigene Klinik. 1920 entschloß sie sich, «nach Dornach zu ziehen». Ihr ganzes Interesse galt den Kranken und ihrer Heilung, und zwar im je einzelnen Fall. Ihre wissenschaftlich orientierten Kollegen neigten dazu, sie zu unterschätzen, denn ihr ging jegliche Rhetorik ab. Wenn sie sprach, schilderte sie Krankengeschichten und therapeutische Maßnahmen. Steiner jedoch erkannte ihr Einfühlungsvermögen und ihre Tatkraft, und so begann schnell eine intensive Zusammenarbeit. Steiner kam immer häufiger in die Klinik, um an ärztlichen Konsultationen teilzunehmen. Nicht daß Steiner als Arzt praktiziert hätte, aber durch seine Fragen zur Anamnese und seine Ideen zu Heilmitteln und Heilverfahren eröffneten sich für Wegman und ihre ärztlichen Mitarbeiter neue Perspektiven, die Wegman durch ihre intuitive Begabung in die Tat umzuset-

Ita Wegman
(1876–1943),
Ärztin, Mitarbeiterin
Rudolf Steiners auf
medizinischem und
anthroposophischem
Feld, Leiterin der
Medizinischen
Sektion der Freien
Hochschule

zen vermochte. Wegman besaß überdies außerordentliche organisatorische Begabung und finanzielles Geschick; so ergriff sie die Initiative, das chemische Laboratorium Oskar Schmiedels in eine kleine pharmazeutische Fabrik umzuwandeln, wo mit der Fabrikation von Heilmitteln begonnen wurde. In den Jahrzehnten nach Steiners Tod wurden diese Anregungen Steiners weiterentwickelt, heute bilden sie den Grundstock der Weleda-Heilmittel. Nachdem die Ärzte in Stuttgart das «Vademecum» nicht zuwege gebracht hatten, entschloß sich Steiner im Herbst 1923, dieses Buch zusammen mit Ita Wegman auszuarbeiten, wobei Steiner den allgemeinen Teil formulierte, während Wegman die Krankengeschichten und Beschreibungen der Heilmittel beisteuerte. Diese Zusammenarbeit löste Fragen aus. Man verstand nicht, warum Steiner ausgerechnet mit Wegman und nicht mit den als viel klüger geltenden Ärzten kooperierte. Steiner kannte diese Fragen und antwortete verschiedentlich. *Es ist dies ja nur dadurch möglich, daß gerade in Frau Dr. Wegman eine Persönlichkeit vorliegt, welche in ihren medizinischen Studien die Dinge so aufge-*

125

nommen hat, daß sie sich bei ihr selbstverständlich hinüberentwickeln zu demjenigen, was geistige Anschauung der Menschenwesenheit ist.[293] In diesem Sinne verwies er auf die selbständigen geistigen Einsichten Wegmans und nannte sie deshalb seine Mitarbeiterin *auf dem Gesamtgebiete der Geistesforschung*[294]. Steiner konnte sich mit Wegman auf der Ebene verständigen, die ihm als die angemessene erschien. Darüber hinaus sah er, daß auf Wegman Verlaß war: Was sie anfing, hatte Hand und Fuß und wurde verantwortlich durchgeführt.

Die letzten Jahre

Seit 1919 war die Anthroposophie durch die Dreigliederungsbewegung, die Waldorfschule, durch die wirtschaftlichen Unternehmungen, öffentliche Kongresse und Hochschulwochen stark in die Öffentlichkeit getreten und damit zum Thema der allgemeinen Diskussion geworden. Steiner hatte den Initiativen nicht im Weg gestanden. Aus grundsätzlicher Überzeugung achtete er die Freiheit seiner Mitarbeiter und blickte in erster Linie auf das Positive der einzelnen Bestrebungen. Selbst wenn er nicht mit allem einverstanden war, half er mit Rat und Tat. Seine eigenen Beurteilungen hielt er dabei vielfach zurück und hoffte auf die Einsicht der Verantwortlichen. Doch machte er von Anfang an auf die Anforderungen und die Verantwortung, die mit allen Aktionen verbunden waren, aufmerksam. Die darin enthaltenen Warnungen bestätigten sich immer wieder und bürdeten Steiner weitere Verpflichtungen auf. So wuchs die Fülle der von außen bestimmten Arbeit Steiners unmäßig an. Durch ein äußerlichstes Beispiel deutete er an, daß er so zu seinen eigenen Aufgaben nicht mehr komme: *Sehen Sie, wenn ich von mir selbst sprechen darf: sehr hoch liegen die Korrekturen für meine Bücher da. Ich kann nicht dazu kommen, aus dem einfachen Grunde, weil immer andere Sachen da sind.*[295] Steiner war auch durchaus mit seiner Rolle als Rater und Helfer einverstanden. *Ich bin durchaus nicht ungehalten darüber, wenn ich über alles Mögliche gefragt werde, aber es müssen die Hauptsachen sein. Es müßte nicht zuweilen die Politik sein, daß ich über die Hauptsachen nicht gefragt werde und dann überall über die Nebensachen in endlosen Sitzungen mitzuverhandeln habe.*[296] Wohl gravierender jedoch war, daß Programme verkündet und Dinge angefangen, aber nicht durchgehalten und weitergeführt wurden, so daß Steiner schließlich von einer *Ära des Projektemachens*[297] sprach. Trotz dieser Probleme kam Steiner den an ihn gestellten Anforderungen nach. Die erste Hälfte des Jahres 1922 bildet den Höhepunkt seines öffentlichen Wirkens: Im Januar unternahm er eine von der Konzertdirektion Wolff und Sachs arrangierte Vortragsreise durch zwölf deutsche Großstädte. Im März war ein Hochschulkurs in Berlin angesetzt, an dem fünfzehn anthroposophische Redner mitwirkten, Steiner beteiligte sich mit vier Vorträgen und sechs einleitenden Beiträgen. Im April führte die Reise erst nach Den Haag zu einem weiteren Hochschulkurs und dann nach Stratford-on-Avon, wo Steiner im Rahmen eines Shakespeare-Festes drei Vorträge hielt. Im Mai folgte eine zweite Vortragsreise – wiederum von Wolff und Sachs veranstaltet –, diesmal durch neun deutsche Städte. In München und Elberfeld versuchten nationalistische Gegner Steiners die Vorträge zu stören, doch die Angriffe wurden abgewehrt. Nur lakonisch berichtet Steiner: *In Elberfeld gabs Radau*, und: *Es ist ziemlich anstrengend, da man fast überall früh am Morgen abreisen muß*.[298] Vom 1. bis zum 12. Juni fand in Wien ein großer öffentlicher West-Ost-Kongreß statt, der auch in der Presse ungemein stark beachtet wurde. Ein Besucher, kein Anthroposoph, beschreibt Steiner am Tage nach dem Kongreß: «Ich stand einem alten Manne gegenüber, einem alten niederösterreichischen Bauern ... der sich auf seinem Grund zu Tode gearbeitet hatte und nun welk und verbraucht vor mir stand, ein

Mitarbeiter des Wiener Kongresses, 1922.
Von links nach rechts: Alexander Strakosch (1879–1958), Emil Leinhas (1878–1967), Ernst Uehli (1875–1959), unbekannt, Dr. ing. Carl Unger (1878–1929), Ludwig Graf Polzer-Hoditz (1869–1945), Dr. Walter J. Stein (1891–1957), Dr. med. Eugen Kolisko (1893–1939)

guter, guter Mensch, der alles eingesetzt und sich völlig ausgegeben hatte.»[299] Wenige Tage nach dem Wiener Kongreß warnte Steiner vor dem Erfolg. *Der Kongress war ein großer Erfolg, der größte, den wir gehabt haben. Er ist so unternommen, daß er ganz entschieden zum größten Schaden ausschlägt, wenn er nicht ausgemünzt wird ... und man darf sich keiner Illusion hingeben, daß er furchtbar viel Gegnerschaft auslösen wird.*[300] Nachdem dann im August noch eine Erziehungstagung in Oxford stattgefunden hatte, brach Steiner die Serie der öffentlichen Vorträge und Auftritte in Deutschland ab. Der Grund dieses plötzlichen Rückzugs lag nicht, wie manchmal behauptet wird, in den Störungen nationaler Krawallmacher in München oder Elberfeld. Die Wirklichkeit war vielmehr, daß er sich angesichts der Vielzahl der Unternehmungen und Aufgaben, angesichts des Versagens vieler Mitarbeiter mit wenigen Getreuen allein gelassen sah. Ihm fehlte der Rückhalt für das Wirken in der Öffentlichkeit. Schon im Januar 1922 nannte er die Dinge beim Namen: *Die Anthroposophische Gesellschaft – das muß gesagt werden, denn es ist gut, wenn es erkannt wird – ist nicht in der Lage, die anthroposophische Bewegung zu tragen. Denn die Anthroposophische Gesellschaft ist so stark durchsetzt von sektiererischen Neigungen ...*[301]

Hinter dieser Bemerkung steht die Tatsache, daß Steiner 1913 die Leitung der Anthroposophischen Gesellschaft abgegeben und einem dreiköpfigen Vorstand überantwortet hatte, der besonders seit 1919 praktisch nichts für den Zusammenhalt der Gesellschaft getan hatte. Es fehlte an jeglicher Führung. So zerfiel die Anthroposophische Gesellschaft. *In die Anthroposophische Gesellschaft ist eben das Cliquenwesen eingedrungen, und das Cliquenwesen hat sich innerhalb der Gesellschaft über alles gesetzt.*[302] Da solche Bemerkungen nicht beherzigt wurden, wiederholte sie Steiner. *Es ist in letzter Zeit schlechter geworden. Moralisch schließt sich jeder in seinen vier Wänden ab, und bald wird es dahin kommen, daß man sich nicht einmal mehr kennt.*[303] Deshalb forderte Steiner die führenden Anthroposophen immer wieder zur Kooperation, zur Bildung eines gemeinsamen Bewußtseins und zum Ergreifen konkreter Aufgaben durch die Gesellschaft auf. Im Jahre 1922 hatte Steiner aber noch einen besonderen Anlaß, die Anthroposophen zum Zusammenschluß zu mahnen. Er hatte nämlich begonnen, einer anderen Bewegung zum Leben zu verhelfen. Im Jahre 1921 war eine Gruppe – zumeist aus der Jugendbewegung stammender – Theologen zu ihm gekommen. Sie erklärten Steiner, daß ihr Theologiestudium ihre Erwartungen nicht erfüllt hätte und daß sie in den bestehenden Kirchen nicht religiös wirken könnten. Sie wußten, daß Anthroposophie als Geisteswissenschaft keine Religion war und sein wollte, aber sie hatten in einem Vortrag gelesen, daß die Anthroposophie *eine Stütze ... des religiösen Lebens und der religiösen Übung*

Friedrich Rittelmeyer
(1872–1938) und Emil
Bock (1895–1959),
die ersten Leiter der
Christengemeinschaft

sein[304] könne. Deshalb baten sie Steiner um Hilfe für ihr berufliches Wirken. So kam im Frühsommer 1921 ein erster kürzerer Kurs für Theologen zustande, dem schon im Herbst 1921 ein zweiter von 120 Theologen besuchter Kurs mit fünfzehn Vorträgen und vierzehn sehr intensiven Diskussionsrunden gefolgt war. Steiner hatte dort dargelegt, daß das religiöse Leben in einem kultischen Element gedeihe und hatte jenen Teilnehmern, die zu gemeinsamer Tat entschlossen waren, mit der *Menschenweihehandlung* eine erneuerte Form des christlichen Meßopfers übermittelt. Nun, im Herbst 1922, versammelten sich unter der Führung von Friedrich Rittelmeyer und Emil Bock *eine Anzahl deutscher Theologen, die den Impuls zu einer christlich-religiösen Erneuerung in sich trugen. Was hier erarbeitet wurde, fand einen Abschluß im September 1922. Ich selbst muß, was ich mit diesen Theologen ... erlebt habe, zu den Festen meines Lebens rechnen. Hier konnte mit einer Reihe edelbegeisterter Menschen der Weg gegangen werden, der Geist-Erkenntnis in das religiöse Leben hineinführt.*[305] Die so begründete Christengemeinschaft verstand sich keineswegs als anthroposophische Kirche, sondern als eine durchaus selbständige religiöse Bewegung. Das war auch Steiners Auffassung: *Denn diese Bewegung für christliche Erneuerung ist nicht aus der Anthroposophie herausgewachsen. Sie hat ihren Ursprung bei Persönlichkeiten genommen, die vom Erleben im Christentum heraus, nicht vom Erleben in der Anthroposophie heraus einen neuen religiösen Weg suchten.*[306] Indem Steiner im Herbst 1922 auf die Begeisterung und Tatkraft der großenteils sehr begabten Theologen blickte, vermehrten sich angesichts der diffusen Verhältnisse in der Anthroposophischen Gesellschaft seine Sorgen um die Zukunft der anthroposophischen Bewegung. So forderte er den Vorstand der Gesellschaft auf, Vorschläge zur Konsolidierung der Gesellschaft zu machen, und damit verständlich werde, wie Anthroposophie selber zu den Ursprüngen religiösen Erlebens führe, sprach er am Silvesterabend 1922 im Goetheanum über das menschliche Erkennen, das sich zum kosmischen Kultus[307] steigert.

Etwa eine halbe Stunde nach Ende des Vortrags wurde im obersten Geschoß des Südflügels, im «Weißen Saal», Rauch bemerkt. Sofort wurde Alarm ausgelöst, aber weder die von allen Seiten herbeieilenden Löschtrupps noch die Feuerwehren der umliegenden Ortschaften konnten das zwischen den Holzwänden des Baus gelegte Feuer unter Kontrolle bringen. Steiner ging mit einigen Zeugen in den Bau, um die elektrischen Anlagen und den Heizwasserrückfluß zu überprüfen, und konnte nur feststellen, daß alles normal funktionierte. Um Mitternacht durch-

Die Ruine des ersten Goetheanum nach dem Brand in der Silvesternacht 1922/23

brachen die Flammen die Kuppeln des Baus. Die rote Lohe ging gegen den Himmel, und in das Rot mischten sich die vielfarbigen Flammenlinien der Metalle der verglühenden Orgel. Noch lange brannten die Säulen, bis auch die letzte zusammenstürzte. Am 1. Januar um 10 Uhr, während der Brand noch schwelte, gab Steiner die Anweisung, die Schreinerei, die schon seit dem Krieg als Vortragssaal gedient hatte, zu säubern und wiederherzurichten. Um 17 Uhr hielt er vor der Aufführung des «Oberuferer Dreikönigsspiel» eine kurze Ansprache an die Versammelten und sagte: *Der große Schmerz versteht zu schweigen über dasjenige, was er fühlt... Das Werk, welches durch die aufopfernde Liebe und Hingabe zahlreicher für unsere Bewegung begeisterter Freunde innerhalb von zehn Jahren geschaffen worden ist, ist in einer Nacht vernichtet worden.*[308] Nachdem er für den Einsatz während der Brandnacht gedankt hatte, kündigte er an, daß die Veranstaltungen wie vorgesehen weitergeführt werden. Abends stand er auf dem Podium der Schreinerei und setzte die Vortragsreihe über die Geschichte der Naturwissenschaft fort.

Bereits die Anstrengungen des Jahres 1922 hatten Steiners Gesundheit angegriffen. Der Brand des Goetheanum, in das er seine Lebenskraft hineingebaut hatte und das das Gehäuse seines Wirkens war, erschütterte seine Gesundheit. «Das jugendlich heitere Lachen, das die ernsten Gesichtszüge Dr. Steiners früher oft erhellte, seine raschen, leichten Bewegungen, seinen rhythmischen Gang – niemand konnte so gehen wie er –, das alles sahen wir seit der Brandnacht nicht mehr... Er mußte Kraft aufbringen, seine aufrechte Haltung zu bewahren, und der Gang war mit Anstrengung verbunden.»[309]

Steiners unmittelbarste Sorge galt dem Wiederaufbau des Goetheanum. Persönlich führte er die Verhandlungen mit den Behörden, um eine Klärung des Brandfalls sicherzustellen und um die Versicherungsfragen zu regeln. Die Verhandlungen wurden im Frühsommer erfolgreich abgeschlossen. Danach konnte der Wiederaufbau definitiv beschlossen werden. Da der neue Bau in Beton ausgeführt werden sollte, mußte Steiner dem Material entsprechend eine ganz andere Formensprache entwikkeln. Das war ein langwieriger Prozeß. Zu Neujahr 1924 skizzierte Steiner zum erstenmal das Grundmotiv der neuen Bauformen, das dann stark verwandelt in dem im März geschaffenen Modell wiederkehrt. Nach diesem Außenmodell wurde das zweite Goetheanum errichtet.

Die innere Voraussetzung für den Wiederaufbau des Goetheanum war eine Konsolidierung der Anthroposophischen Gesellschaft. Eine neue Organisationsform der Gesellschaft war durch die Zeitereignisse notwendig geworden. Seit der Gründung der Anthroposophischen Gesellschaft im Jahre 1913 war sie von ein und demselben Vorstand verwaltet worden, der 1921 seinen Sitz nach Stuttgart verlegt hatte. Durch den Krieg hatten sich die anthroposophischen Gruppen außerhalb Deutschlands verselbständigt. So war nach dem Krieg bereits eine Anthroposophische Gesellschaft in der Schweiz gegründet worden. 1923 war es vollends unmöglich geworden, die Anthroposophische Gesellschaft von Deutschland aus zu verwalten. So drang Steiner als erstes darauf, daß sich eigenständige Landesgesellschaften konstituierten, und er reiste auch aus diesem Grund nach Oslo, London, Wien und Den Haag, um bei der Gründung der Landesgesellschaften zu helfen. Weitere Landesgesellschaften entstanden in Frankreich, Dänemark, Finnland, Italien, in der Tschechoslowakei und in den USA. Diese äußere Reorganisation war aber bestenfalls die Vorbedingung der eigentlichen Arbeit, der Pflege der Anthroposophie. 1923 stand Steiner die Gefahr vor Augen, *daß die Anthroposophische Gesellschaft in Einzelunternehmungen zerfällt* [310]. Die praktischen Initiativen absorbierten in der Tat die Arbeitskraft der führenden Anthroposophen dergestalt, daß jeder an seinem Ort isoliert für sich arbeitete. Ohne ständige Erneuerung der einzelnen Impulse aus dem Geist der Anthroposophie und ohne inneren Zusammenhalt hätten die einzelnen Unternehmen bald ihren Sinn verloren.

Nun ist es bemerkenswert, wie sich Steiner in dieser Situation verhielt. Er wurde aufgefordert zu sagen, was zu tun sei. Das aber wollte er nicht: *Es wäre schädlich, wenn ich die positiven Punkte angäbe.* [311] Erfahrung hatte Steiner gelehrt, daß seine Hinweise flugs zum Dogma erhoben und ohne Sinn und Verstand «durchgeführt» wurden. Das wollte er nicht. Er erwartete von seinen langjährigen Mitarbeitern eigene Ideen und Taten. *Es handelt sich darum, daß die Anthroposophische Gesellschaft in ihren Führern etwas wollen soll, das kann sogar mit dem auseinandergehen, was ich selber für wünschenswert halte.* [312] *Es geht nur voran, wenn eine Führerschaft wirklich da ist für etwas, was begründet worden ist. Eine Führerschaft muß da sein.* [313] So stellte Steiner die Führung der Gesellschaft auf die Probe. *Es ist jetzt in diesem Momente der Zeitpunkt, in dem die Anthroposophische Gesellschaft in ihren führenden Persönlichkeiten sich entscheiden muß, ob sie Lebensfähigkeit hat oder nicht.* [314] In Stuttgart fanden deshalb zahlreiche Sitzungen statt, es wurde versichert, daß man nun arbeiten wolle, daß mehr Menschlichkeit walten solle und vieles andere mehr, aber letztlich waren die Führer der Gesellschaft ratlos. Nach vielen Wochen dauernder Beratungen und nachdem die Gesellschaft mit neuem Vorstand neu organisiert worden war, mußte Steiner feststellen, daß sich im wesentlichen nichts geändert hatte. So schrieb er Ende März in einem Brief: *Für die Gesellschaft habe ich eigentlich nur zu sagen, daß ich am liebsten mit ihr nichts mehr zu tun haben möchte. Alles, was deren Vorstände tun, widert mich an.* [315] Damit stellte sich für ihn die Frage, ob er nicht sagen müsse: *Ich ziehe mich nunmehr, nachdem das vorgekommen ist, von der Gesellschaft zurück.*[316] Da auch die Verhandlungen in England, Österreich und Den Haag nicht ersprießlicher verliefen, stand diese Frage noch im November 1923 vor ihm.[317]

Nur wenige Menschen bewiesen durch ihre Arbeit und Ideen, daß sie den Forderungen des Tages gewachsen waren. Marie Steiner leitete die sprachlich-eurythmische Arbeit zielstrebig und energisch; der von ihr gegründete Verlag machte keine Sorgen. Ita Wegman stand nicht nur für die medizinische Arbeit gerade, sie nahm Steiner auch einen Teil der Sorgen ab, die aus dem Futurum-Debakel erwachsen waren. Außer diesen beiden Frauen zeigte vor allem Albert Steffen, daß er verstand, worauf es ankam. Steffen war Dichter. Früh hatte er durch seine ersten Romane Anerkennung gefunden, 1921 hatte er neben seiner dichterischen Produktion die entsagungsvolle Arbeit des Redakteurs der Wochenschrift «Das Goetheanum» übernommen. Wenn Steiner in Dornach war, beriet Steffen mit ihm die jeweils nächste Ausgabe. Wie Marie Steiner und Ita Wegman stellte er sich in den Dienst der Sache und bewies, wenn er in einer Versammlung das Wort nahm, ein sicheres Urteil. Es ist kennzeichnend für Steffen, daß er die Notwendigkeit erkannte, die Kommunika-

Albert Steffen (1884–1963) und Rudolf Steiner, 1922

tionslosigkeit in der anthroposophischen Bewegung zu überwinden. Deshalb berichtete er in der Wochenschrift über das, was am Goetheanum geschah. Dabei scheute er sich nicht, auch Vorträge Steiners frei zu referieren, so daß jeder Abonnent das «Neueste» aus Dornach erfahren konnte. Darüber hinaus kennzeichnete er Zeitsymptome und wehrte Angriffe auf die Anthroposophie ab.

Steiner selbst befreite sich in der ersten Hälfte des Jahres 1923 von den ihm aufgebürdeten Verpflichtungen und wandte sich seinen eigenen Aufgaben zu. Das Ergebnis war ein neuer Stil seiner Vorträge. In großen imaginativen Darstellungen schilderte er die geistig-physischen Prozesse der Jahreszeiten, das Wirken des Geistes in den Naturwesen und den Zusammenhang der Naturprozesse mit der menschlichen Organisation.[318] Im November sprach er in Den Haag über das übersinnliche Wesen des Menschen und schilderte den Aufstieg der Seele zu den Sternenwelten nach dem Tode und die Bildung der Menschenorganisation im Abstieg zu einer neuen Geburt.[319] So hatte Steiner seit 1914 nicht mehr gesprochen. Die Zuhörer jedoch, die seine früheren Darstellungen kannten, erlebten, daß etwas Neues hinzugekommen war in der Art, wie die geistigen Naturprozesse der Erde in die Darstellung aufgenommen wurden. Nach Dornach zurückgekehrt, griff Steiner das Thema der alten Mysterien, über das er 1901 gesprochen hatte, wieder auf. Da entrollten sich vor den Zuhörern aus unmittelbarer Geistesschau Bilder der Mysterienkultur von Ephesus und Samothrake, von Eleusis und Irland.[320]

Seit dem Sommer 1923 war geplant, daß zu Weihnachten in Dornach die Allgemeine Anthroposophische Gesellschaft begründet werden sollte. Was da im einzelnen geschehen sollte, war offengeblieben. Anfang Dezember zeichnete sich ab, daß 800 Teilnehmer zu dieser Gründungsversammlung kommen würden. In diesen letzten Wochen vor Weihnachten entschloß sich Steiner, den Vorsitz der Gesellschaft selbst zu übernehmen. Am 22. Dezember sprach er erstmalig vor den in Dornach versammelten Anthroposophen über sein Vorhaben: *Ich muß also aus den Erlebnissen der letzten Jahre einfach die Konsequenz ziehen, daß ich nur mitarbeiten kann, wenn ich selber zum wirklichen Vorsitzenden gewählt werde.*[321] Dann nannte er die Namen der Vorstandsmitglieder, mit denen er zusammenzuarbeiten beabsichtigte: Albert Steffen, Marie Steiner, Dr. Ita Wegman, Dr. Lili Vreede und Dr. Guenther Wachsmuth. Der Vorschlag war für viele der altgedienten Anthroposophen überraschend, und in der Tat bildete Steiner kein Honoratioren-Gremium, sondern einen arbeitsfähigen Initiativ-Vorstand. Am 24. Dezember legte Steiner der Gründungsversammlung die Statuten der neuen Gesellschaft vor. Symptomatisch für die Gesinnung, aus der gearbeitet werden sollte, war, daß die Statuten von keinem Mitglied ein Bekenntnis zu irgendwelchen

Rudolf Steiner, 1923

Grundsätzen oder Inhalten verlangen. Wer Mitglied werden will, muß nur *in dem Bestand einer solchen Institution, wie sie das Goetheanum in Dornach als freie Hochschule für Geisteswissenschaft ist, etwas Berechtigtes sehen*[322]. Das mit diesem Satz Gemeinte zieht sich durch die gesamten Statuten. So heißt es ausdrücklich: *Die Gesellschaft lehnt jedes sektiererische Bestreben ab.*[323] Oder an anderer Stelle: *Eine Dogmatik auf irgendeinem Gebiete soll von der Anthroposophischen Gesellschaft ausgeschlossen sein.*[324] Gänzlich neu war schließlich der Vorschlag, daß alle Publikationen der Gesellschaft hinfort öffentlich sein sollen. Bisher wurden die Nachschriften der Mitgliedervorträge Steiners nur an Mitglieder abgegeben, weil das Verständnis dieser Vorträge gewisse Grundkenntnisse voraussetzte und weil Steiner die stenographischen Nachschriften nicht durchgesehen und korrigiert hatte, so daß die Gefahr bestand, daß sie *verschiedenen Kohl*[325] enthielten. Indem nunmehr die Vortragskurse allgemein zugänglich wurden, sollte der letzte Rest von Geheimniskrämerei verschwinden, die Inhalte der Anthroposophie sollten öffentlich werden. Dieser Geste der Öffnung stand gleichzeitig das Bestreben zur Vertiefung gegenüber. Mit der Begründung der Gesellschaft richtete Steiner als *ein Zentrum ihres Wirkens*[326] für diejenigen, die eine esoterische Vertiefung und Anleitung zur geistigen Schulung suchten, die Freie Hochschule für Geisteswissenschaft ein. Aufgabe der Hochschule war es, ihre Schüler – je nach ihren Möglichkeiten – zu eigenen geistigen Erfahrungen zu führen. Die Gründung dieser Hochschule ist die Antwort auf die Probleme, die sich seit dem Krieg und besonders im Jahre 1923 gezeigt hatten. Der Anthroposophischen Gesellschaft wurde durch die Hochschule jener Mittelpunkt gegeben, aus dem die anthroposophische Arbeit belebt und weitergeführt werden kann. Durch einen festlichen Akt am Morgen des 25. Dezember wurde die Anthroposophische Gesellschaft begründet. In seiner Ansprache knüpfte Steiner an den Impuls der Selbsterkenntnis an, von dem er schon am Beginn seines anthroposophischen Wirkens ausgehen wollte. Durch eine *Dreiheit von Sprüchen*[327] eröffnete Steiner einen dreifachen Weg zur Selbsterkenntnis des Menschen als Geist, Seele und Leib. Dieser Weg ist der ideelle Grundstein des anthroposophischen Strebens. Aus diesem Grundmotiv entfaltete sich das weitere Wirken Steiners in der ihm verbleibenden Zeit.

Als die Gründungsversammlung nach einer ausführlichen Beratung der Statuten am 1. Januar 1924 abgeschlossen war, begann Steiner sofort mit dem Neuaufbau der Gesellschaft. Schon am 13. Januar erschien als Beiblatt zur Wochenschrift «Das Goetheanum» ein Nachrichtenblatt, durch das sich Steiner wöchentlich an die Mitglieder der Gesellschaft wandte. In den ersten Monaten sprach er über die Art, wie Anthroposophie in der Gesellschaft leben und gepflegt werden will. Im Februar begann er knappe Leitsätze zu veröffentlichen, in denen die Grundgedanken der Anthroposophie noch einmal neu entwickelt wurden. Von April an berichtete er dann auch über die Tagungen und Kurse, die er abhielt, und so konnten die Mitglieder an den Veranstaltungen Steiners in Prag, Paris, Breslau, Arnheim, Torquay und London aus der Ferne teilnehmen. Ebenso wurde nunmehr aus den Landesgesellschaften und von den sachlichen Arbeitsfeldern berichtet. So wurde die Möglichkeit eines gemeinsamen Bewußtseins geschaffen.

Als zweites ging Steiner daran, neue Grundlagen für alle Tätigkeitsfelder zu schaffen. Auf einen Einführungskurs in die Anthroposophie folgten Grundkurse zur Eurythmie, vier Kurse zur Pädagogik, Kurse zur Medizin und ein Kurs für Theologen. Durch diese Kurse sollte das Bisherige auf einen neuen Boden gestellt und mit frischem Elan durchdrungen werden. Aber Steiner hatte auch Gelegenheit, zwei für die Zukunft wichtige Impulse zu geben: durch einen landwirtschaftlichen Kurs in Koberwitz bei Breslau wurde die biologisch-dynamische Landwirtschaft ins Leben gerufen und aus der Initiative junger Lehrer, die ein heilpädagogisches Heim bei Jena begründet hatten, ergab sich der Anlaß für einen Kurs über Heilpädagogik, dessen Anregungen heute viele heilpädagogische Heime in aller Welt verpflichtet sind. Der landwirtschaftliche Kurs geht auf die Initiative von Carl Graf Keyserlingk zurück. Er wußte, daß Steiner sich im Zusammenhang mit den Gütern des Kommenden Tages mit landwirtschaftlichen Fragen befaßt hatte und daß unter Anleitung Steiners in Dornach erste Versuche zur Herstellung der späteren biologisch-dynamischen Präparate stattgefunden hatten. So lud Graf Keyserlingk über hundert Landwirte auf das Gut Koberwitz. Steiner führte dort aus, wie die Landwirtschaft nur gedeihen kann, wenn die bäuerliche Tätigkeit mit den übersinnlichen Kräften in der Natur und im Kosmos zusammenwirkt, wie die Substanzen der Erde, je nach den Prozessen, durch die sie hindurchgehen, lebenfördernde oder schädliche Wirkungen haben.[328] Gegen Ende des Kurses wurde ein Forschungsring für die biologisch-dynamische Landbaumethode gebildet, um die Hinweise Steiners experimentell zu erproben. *Man kam überein, daß das im Kursus Mitgeteilte zunächst als Winke betrachtet werde, von dem man vorläufig nicht außerhalb des Kreises der Teilnehmer spricht, sondern das man als Grundlage für Versuche betrachtet, durch die es in die Form gebracht werden soll, in der man es veröffentlichen kann.*[329] Nur wer Steiners Vorgehen und Forschungsweise kennt, kann ermessen, was es bedeutet, daß es Steiner nicht vergönnt war, sich an der weiteren Entwicklung der biologisch-dynamischen Anbaumethode zu beteiligen. Dennoch wurde sie unter Beteiligung einer Reihe von Forschern bis zum heutigen Tage als Impuls zur Heilung der Erde weiterentwickelt.

Mit der Heilpädagogik griff Steiner einen Fragenkreis auf, der ihm seit langer Zeit vertraut war. Sein jüngerer Bruder war ein behindertes Kind gewesen. Als Erzieher in Wien hatte er einen Knaben zu betreuen, der an Hydrozephalie litt, und in seinen späteren Jahren war er immer wieder in pädagogisch schwierigen Fällen um Rat gefragt worden. Im heilpädagogischen Kurs konnte er den Teilnehmern einerseits grundlegende Einsichten zu allgemeineren Formen der physisch-seelischen Erkrankung vermitteln, andererseits ging es darum, die Erkrankung im besonderen Fall zu studieren. So ist ein großer Teil des heilpädagogischen Kurses der Be-

sprechung von einzelnen Kindern gewidmet, die den Teilnehmern vorge-
führt wurden. An ihnen wurde das Anschauen des einzelnen Falls geübt.
Der Pädagoge muß sich hier ganz von dem Wesen des einzelnen Kindes
leiten lassen. Deshalb sagt Steiner an zentraler Stelle in diesem Kurs:
*Man strebt immer nach Vorschriften: Das sollst Du so machen und das
andere so. – Derjenige, der Erzieher werden will für abnorme Kinder, der
ist nie fertig, für den ist jedes Kind wieder ein neues Problem, ein neues
Rätsel. Aber er kommt nur darauf, wenn er durch die Wesenheit im Kinde
dahin geführt wird, wie er es im einzelnen Fall machen muß. Es ist eine
unbequeme Arbeit, aber sie ist die einzig reale.*[330]

Steiner war befriedigt, daß es gelang, Landwirtschaft und Heilpädagogik noch auf den Weg zu bringen. Sichtbar beglückt sagte er auf der Rück-
fahrt vom landwirtschaftlichen Kurs: *Nun haben wir auch dieses wichtige
Werk geschafft!*[331] Ebenso blickte er mit den *größten Hoffnungen*[332] auf
die von ganz wenigen Menschen begonnene heilpädagogische Arbeit, die
ebenso wie der landwirtschaftliche Impuls unmittelbar aus der Anthroposophie hervorgegangen ist.

Der Mittelpunkt dieser Aktivitäten Steiners war die neue Form der
Anthroposophie, die jetzt nicht mehr als Wissenschaft oder in einer bestimmten Praxis auftrat, sondern im Sinne Steiners lebendige Selbsterkenntnis und Selbstverwandlung ist. Schon früher hatte Steiner ausgeführt, daß die *richtige Interpretation des Wortes Anthroposophie nicht
«Weisheit vom Menschen»*, sondern *«Bewußtsein seines Menschentums»*
sei.[333] Für den Menschen ist die Art, wie er sich durch sein Bewußtsein
bestimmt, entscheidend. Das wußte schon Meister Eckart, als er den Satz
schrieb: «Wenn ich ein König wäre und wüßte es nicht, dann wäre ich kein
König.»[334] Nur wenn ich weiß, was ich bin und tue, bin ich es, der handelt
und sich selbst bestimmt. In diesem Sinne konstituiert das Bewußtsein
die Existenz.

1924 beschreibt Steiner zwei Grenzerfahrungen, von denen ein zweifa-
cher Weg zur Selbsterkenntnis ausgehen kann: Der Mensch, der über die
Welt nachdenkt, bemerkt, daß er die Gedanken über die Welt aus sich
entwickelt. *Er kann sich sagen: in meinen Gedanken lebe «Ich». Die Welt
gibt Veranlassung, m i c h zu erleben. Ich finde mich in meinen Gedanken,
indem ich die Welt betrachte. So fortfahrend im Nachsinnen verliert der
Mensch die Welt aus dem Bewußtsein; und das Ich tritt in dieses ein. Er
hört auf, die Welt vorzustellen; er fängt an, das Selbst zu erleben.*[335] – Umgekehrt muß der Mensch, der sich in sich selbst vertieft, sagen, daß er das,
was er in sich selbst erlebt, seiner Tätigkeit in der Welt verdankt. *Man
kann sich sagen: In meinem Schicksal war ich nicht allein; da hat die Welt
in mein Erleben eingegriffen. Ich habe dies oder jenes g e w o l l t. In mein
Wollen ist die Welt hereingeflutet. Ich finde die Welt in meinem Wollen,*

Mein Lebensgang.

Rudolf Steiner

II.

Eine sonderbare Eigenheit hatte ich als ganz kleiner Junge. Es mußte von dem Zeitpunkte an, da ich selbständig essen konnte, sehr auf mich acht gegeben werden. Denn ich hatte die Meinung ausgebildet, dass ein Suppenteller oder eine Kaffeetasse nur zum einmaligen Gebrauch bestimmt sei. Und so warf ich denn jedesmal, wenn ich unbeachtet war, nach eingenommenem Essen, Teller oder Tasse unter den Tisch, dass sie in Scherben zerbrachen. Kam dann die Mutter heran, dann empfieng ich sie mit dem Ausruf „Mutter, ich bin schon fertig".

Es kann dies bei mir nicht Zerstörungswut gewesen sein. Denn meine Spielsachen behandelte ich mit peinlicher Sorgfalt und hielt sie lange in gutem Zustande. Unter diesen Spielsachen fesselten mich besonders diejenigen, deren Art ich auch heute für besonders gut halte. Es waren Bilderbücher mit beweglichen Figuren, die unten an Fäden gezogen werden können. Es waren kleine Erzählungen, die man an diesen Bildern verfolgte, und denen man einen Teil ihres Lebens dadurch selbst gab, dass man an den Fäden zog. Vor diesen Bilderbüchern saß ich oft stundenlang mit meiner Schwester. Ich lernte an ihnen auch, wie von selbst, die Anfangsgründe des Lesens.

Mein Vater war darauf bedacht, dass ich früh lesen und schreiben lernte. Als ich das schulpflichtige Alter erreicht hatte, wurde ich in die Dorfschule geschickt. Der Schullehrer war ein alter Herr, dem das Schule-Halten eine lästige Beschäftigung war. Mir aber war das Unterrichtet-Werden von ihm auch eine lästige Beschäftigung. Ich glaubte überhaupt nicht, dass ich durch ihn etwas lernen könne. Denn er kam mit seiner Frau und seinem Söhnlein oft in unser Haus. Und dieses Söhnlein war nach meinen damaligen Begriffen ein Schlingel. Da hatte ich es mir denn in den Kopf gesetzt: wer einen solchen Schlingel zum Sohn hat, von dem kann man nichts lernen. Nun aber kam auch noch etwas „ganz Schreckliches" vor. Einmal machte sich dieser Schlingel (der auch in der Schule war) den Spass, mit einem Holzspan in alle Tintenfässer der Schule zu tauchen und rings um sie Kreise aus Tintenkleck

Manuskriptseite aus Rudolf Steiners Autobiographie
«Mein Lebensgang», 1923

indem ich dieses Wollen selbstbetrachtend erlebe. So fortfahrend, sich in das eigene Selbst einlebend, verliert der Mensch das Selbst aus dem Bewußtsein; die Welt tritt in dieses ein. Er hört auf, das Selbst zu erleben; er fängt an, die Welt im Erfühlen gewahr zu werden.[336] So gelangt man zu der Erfahrung: *Ich denke hinaus in die Welt; da finde ich mich, ich versenke*

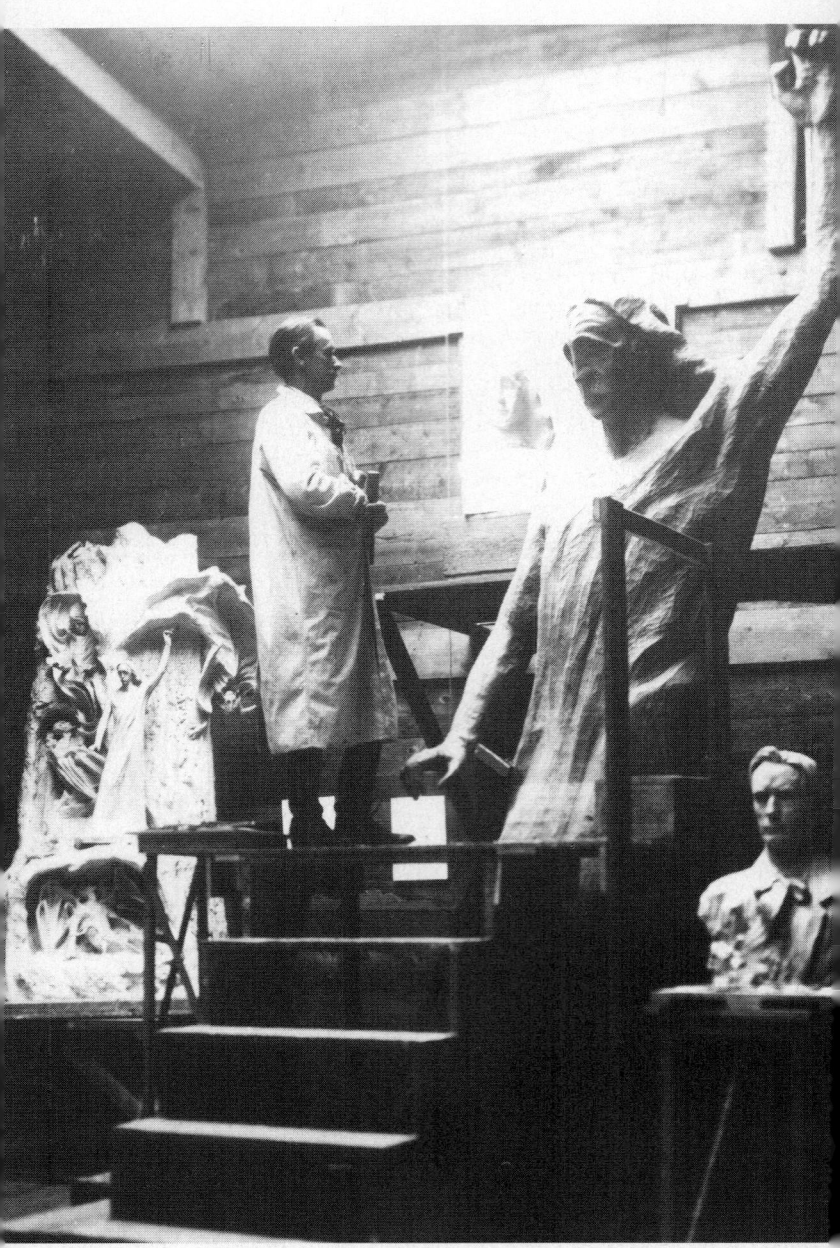

Rudolf Steiner in seinem Atelier, 1919

mich in mich selbst, da finde ich die Welt.[337] Im Erleben dieser Paradoxie, daß die Welt unsere eigenen Gedanken spiegelt und daß unser Selbst durch die Welt geworden ist, liegt der Ausgangspunkt einer anthroposophischen Selbsterkenntnis. Sie zeigt im weiteren: Es gibt eine Vertiefung des Denkens, durch die man nicht nur die Welt verliert, sondern eine *Geist-Welt gewinnt.* Und: *Es gibt ein Erleben des Schicksals, in dem man nicht das Selbst verliert. Man kann auch im Schicksal sich selbst als wirksam erleben* ... *Findet der Mensch die eigene Wirksamkeit in dem Schicksalswalten, so steigt ihm sein Selbst wesenhaft nicht nur aus dem eigenen Innern, sondern es steigt ihm aus der Sinneswelt auf.*[338]

Es geht bei diesen Erfahrungen nicht allein darum, dem, was einem von außen zustößt, einen Sinn abzugewinnen, sondern um das reale Erleben des eigenen Selbst in der Welt. Das gewöhnliche Bewußtsein verbarrikadiert sich schon gegen die allerersten Anfänge dieser Erfahrungen, indem es das unwillkommene Verhalten anderer Menschen auf deren Charakter oder Bosheit zurückführt. Dabei könnte sich mindestens jeder Erzieher sagen, daß die Art, wie ihm seine Zöglinge entgegentreten, etwas mit dem eigenen Wesen zu tun hat. Doch Steiner geht es um mehr. Er will zeigen, daß die uns sinnlich entgegentretende Welt insgesamt nicht ein gleichgültig Objektives ist, das unabhängig vom Menschen sein Wesen treibt, sondern der Ausdruck eines Wesenhaften, in dem der Mensch nicht weniger wirklich tätig ist als in seinem Leib. Daß eine derartige Erkenntnis bitter notwendig ist, zeigt sich in dem, was uns heute als Folge menschlichen Tuns aus der Natur entgegentritt.

Fügt man zu diesem Gedanken die Idee der wiederholten Erdenleben, deren Taten fortwirken, hinzu, so ergibt sich: *Anthroposophie findet das Selbst, indem sie zeigt, wie aus der Sinneswelt für den Menschen nicht nur sinnliche Wahrnehmungen sich offenbaren, sondern auch die Nachwirkungen aus einem vorirdischen Dasein und aus den vorigen Erdenleben.*[339] Auf der anderen Seite führt eine meditative Verstärkung des Denkens in die Welt der Imagination (vgl. oben S. 107ff), in der sich das Ich im unmittelbaren Zusammenhang mit der Geist-Welt erfährt. An diesem Punkt der Entwicklung entsteht die Möglichkeit, daß das durch die Vertiefung des Denkens gefundene konkrete Selbst sich detailliert in der Welt wiederfindet. In sich erkennt man die gewordenen Eigenheiten, aus der Welt kommen deren Folgen einem entgegen. Man beginnt die Zusammenhänge zwischen Innen und Außen zu durchschauen. Das Bewußtsein des eigenen Menschentums weitet sich in die Welt und vertieft sich im Geist. – Der Darstellung der Verhältnisse, Gesetzmäßigkeiten und Besonderheiten dieser Zusammenhänge war die überwiegende Mehrzahl der allgemein-anthroposophischen Vorträge Steiners 1924 gewidmet. In ihnen zeigt Steiner an individuellen Beispielen den Fortgang der Individualitä-

Das zweite Goetheanum

ten durch wiederholte Erdenleben und die Bildung des Schicksals in der Absicht, seine Zuhörer zur Selbsterforschung anzuregen.

Anfang September 1924 kam Steiner erschöpft und ausgebrannt von einer dreiwöchigen Vortragsreise nach Dornach zurück. Dort warteten über tausend Menschen auf die angekündigten Kurse für Schauspieler, Ärzte und Theologen und auf die Fortsetzung der anthroposophischen Betrachtungen. Die Kurse fanden statt. Während der Vorträge, die er zögernd und mühsam begann, erholte sich Steiner sichtlich. Aber von Tag zu Tag wurde sein Gang schwerer. Nach dem Ende der Tagung aber mußte er zum erstenmal überhaupt einen Vortrag absagen. Am 28. September raffte er sich noch einmal zu einer Ansprache auf, die er jedoch nach zwanzig Minuten beenden mußte. – Was Steiner überfordert hatte, waren nicht die Vorträge, sondern die etwa vierhundert Menschen, die während der Tagungswochen noch eine persönliche Unterredung wünschten und ihre kleinen und großen Fragen auf ihn abluden. In einem kurzen Kommuniqué schrieb er: *Es handelt sich darum, daß, während ich der eigentlichen Kurstätigkeiten ... durchaus gewachsen war, ich den Bogen meiner*

142

physischen Tätigkeit überspannen mußte durch die übergroßen Forderungen, die neben der Kurstätigkeit aus der Mitgliedschaft kamen.[340] Es folgte ein sechsmonatiges Krankenlager in jenem Atelier neben der Schreinerei, in dem er ungezählte Besucher empfangen hatte und in dem er zusammen mit Edith Maryon eine Holzplastik geschnitzt hatte, die den Christus zwischen den Widersachermächten darstellt. In den folgenden Monaten setzte Steiner die Niederschrift seiner Autobiographie *Mein Lebensgang* fort, und wöchentlich erschienen im Nachrichtenblatt die Briefe *An die Mitglieder!* – Aus der Abgeschlossenheit des Ateliers nahm er noch an vielem teil und regelte noch einige offene Fragen. Gern hätte er am Innenmodell für das neue Goetheanum gearbeitet, aber seine physische Verfassung ließ es nicht zu. Er hoffte auf Genesung. So schreibt er am 5. März 1925 an Marie Steiner, die auf einer Eurythmie-Tournee war: *Mein Zustand geht nur langsam vorwärts. Und ich muß bald arbeitsfähig sein, denn was nach allem, das sich abgespielt hat, wäre, wenn durch meine Krankheit der Bau unterbrochen werden müßte, ist gar nicht zu ermessen.*[341] Um den 26. März schöpfte Ita Wegman, die Steiner pflegte, Hoffnung; es schien eine Besserung einzutreten, doch am 29. März ließen die Kräfte wieder nach, und am Morgen des 30. März 1925 starb Steiner. Sein Werk war, wie der Bau des zweiten Goetheanum, dessen Innenraum er nicht mehr gestalten konnte, Fragment geblieben, und doch hatte er weit mehr gegeben, als von seinen Freunden aufgenommen werden konnte.

Rudolf Steiner

Anmerkungen

Zitierweise: Die «Rudolf Steiner-Gesamtausgabe» wird als GA mit Bandnummer und Seitenzahl zitiert. Die innerhalb der «Rudolf Steiner-Gesamtausgabe» erschienenen naturwissenschaftlichen Schriften Goethes als GA 1, I.-V. Band. Die «Beiträge zur Rudolf Steiner-Gesamtausgabe» werden mit B, Heftnummer und Seitenzahl zitiert.

1 GA 328, S. 167
2 GA 28, S. 24
3 GA 28, S. 30
4 C. S. Picht: Gesammelte Aufsätze. Stuttgart 1964, S. 38
5 B 83, S. 3
6 GA 28, S. 12
7 B 49, S. 11
8 GA 28, S. 44
9 Ebd.
10 GA 28, S. 12
11 GA 28, S. 36
12 GA 28, S. 37
13 GA 28, S. 43
14 GA 28, S. 45
15 GA 28, S. 44
16 B 49, S. 9
17 B 83, S. 6
18 B 83, S. 7
19 GA 28, S. 20 f.
20 GA 28, S. 21
21 GA 28, S. 22
22 GA 28, S. 26
23 GA 28, S. 35 f.
24 GA 28, S. 35
25 GA 28, S. 37
26 GA 28, S. 38
27 GA 28, S. 39
28 GA 28, S. 41
29 GA 28, S. 40
30 GA 38, S. 48
31 B 30, S. 30
32 B 30, S. 31
33 GA 28, S. 52
34 GA 28, S. 53
35 GA 28, S. 87
36 GA 28, S. 86
37 GA 31, S. 360 ff.

38 GA 28, S. 74
39 GA 28, S. 76
40 GA 28, S. 74
41 GA 28, S. 195
42 GA 28, S. 59
43 Vgl. GA 38, S. 19, und B 83, S. 19
44 GA 28, S. 54
45 GA 38, S. 15
46 GA 28, S. 92
47 GA 30, S. 233
48 Novalis: Blütenstaub, Aphorismus 28
49 GA 38, S. 13
50 GA 28, S. 60
51 Ebd.
52 B 83, S. 18. Steiner erwähnt in diesem Zusammenhang *eine aufwärts und abwärtsgehende Doppelströmung*, die reinlich zu unterscheiden sei, an anderer Stelle ist vom *Doppelstrom der Zeit* die Rede. Diese Chiffren sind schwer zu deuten, aber sie weisen in jedem Falle auf polare Prinzipien des Erkennens, die sich vielfach spiegeln.
53 B 63, S. 5 ff.
54 B 63, S. 7
55 GA 28, S. 104
56 GA 28, S. 105
57 GA 38, S. 149
58 GA 28, S. 191
59 GA 28, S. 122
60 GA 30, S. 238
61 GA 28, S. 129
62 GA 39, S. 86
63 Rosa Mayreder: Mein Pantheon, Dornach 1988, S. 180
64 Ebd.

65 GA 28, S. 97
66 GA 28, S. 98
67 GA 28, S. 99
68 GA 28, S. 100
69 GA 1, V, S. 376; Goethes Werke, Hamburger Ausgabe, 12. Bd., S. 432
70 Goethes Werke. Hamburger Ausgabe, 12. Bd., S. 98
71 Goethes Briefe. Hamburger Ausgabe, 1. Bd., S. 514
72 GA 1, I, S. LXI
73 Goethes Werke: Hamburger Ausgabe, 13. Bd., S. 30
74 GA 1, V, S. 563
75 GA 1, I, S. 112
76 GA 28, S. 100
77 GA 1, III, S. XI
78 GA 1, III, S. XIV
79 GA 1, III, S. XIX f.
80 GA 38, S. 207
81 GA 39, S. 84
82 GA 39, S. 90
83 GA 39, S. 97
84 GA 39, S. 98
85 GA 39, S. 273
86 B 83, S. 28
87 GA 28, S. 208
88 GA 28, S. 302
89 GA 39, S. 93
90 GA 39, S. 300 f.
91 GA 28, S. 294
92 GA 1, II, und GA 2
93 GA 2
94 GA 4, 1. Aufl.
95 GA 4, S. 28
96 GA 4, S. 46
97 GA 4, S. 94
98 GA 4, S. 88
99 GA 4, S. 91
100 GA 39, S. 226 f.
101 GA 39, S. 226
102 Ebd.
103 GA 39, S. 239
104 GA 5, S. 90
105 Ebd.
106 GA 5, S. 91 f.
107 GA 6, S. 63
108 Ebd.
109 GA 6, S. 66
110 GA 6, S. 67
111 GA 6, S. 65
112 GA 6, S. 66
113 GA 28, S. 319
114 Ebd.
115 Kurt Martens: Schonungslose Lebenschronik. Wien 1921, S. 209
116 GA 39, S. 390
117 GA 28, S. 341
118 GA 28, S. 357
119 Max Halbe: Jahrhundertwende. Danzig 1942, S. 183
120 Walter Harlan: Der letzte Stadtbahn-Zug: In: Literarische Beilage zum Hannoverschen Kurier, 31. Oktober 1920
121 GA 28, S. 351 f.
122 Vgl. GA 39, S. 254 ff.
123 GA 39, S. 370 f.
124 GA 39, S. 371
125 GA 185, S. 137; GA 31, S. 221–231, S. 276–281
126 GA 28, S. 372
127 GA 31, S. 261
128 GA 28, S. 375
129 Ebd.
130 GA 262, S. 49
131 GA 28, S. 379 f.
132 GA 28, S. 373
133 GA 30, S. 174
134 GA 30, S. 180
135 GA 30, S. 94
136 GA 28, S. 367
137 GA 8, 1. Aufl., und GA 51, S. 17–65
138 Hermann Friedmann: Sinnvolle Odyssee. München 1950, S. 172
139 Ebd., S. 174
140 GA 28, S. 395
141 GA 29, S. 449 f.
142 GA 32, S. 194
143 GA 28, S. 362
144 GA 28, Faksimile nach S. 362
145 GA 6, S. 68
146 GA 7, S. 19
147 GA 7, S. 20
148 GA 7, S. 21
149 GA 7, S. 49
150 GA 7, S. 63
151 GA 7, S. 64
152 GA 7, S. 145
153 GA 8, 1. Aufl., S. 134
154 GA 8, 1. Aufl., S. 140 f.
155 GA 254, S. 48
156 GA 51, S. 311
157 GA 39, S. 409 f.
158 Briefe, Band II, Ausgabe 1953, S. 270
159 Briefe, Band II. Ausgabe 1953, S. 271
160 GA 51, S. 319
161 GA 238, S. 16
162 Wochenschrift «Das Goetheanum», 61. Jg., 1982, S. 355
163 GA 28, S. 402
164 Ebd.
165 GA 9
166 GA 9, S. 62
167 GA 9, S. 67

168 GA 9, 1. Aufl., S. 46
169 GA 9, S. 63
170 Ebd.
171 GA 9, S. 79
172 GA 9, S. 83
173 Ebd.
174 Vgl. GA 30, S. 510 f.; GA 32, S. 434
175 GA 13, S. 7
176 Vgl. GA 39, S. 439
177 Vgl. B 67/68, S. 14
178 Nachrichtenblatt «Was in der An-
    throposophischen Gesellschaft vor-
    geht», XXII. Jg. 1945, S. 138
179 GA 11, S. 23
180 GA 28, S. 432
181 GA 13, S. 10
182 GA 11
183 Briefe. Band II, Ausgabe 1953,
    S. 300 f.
184 GA 28, S. 422
185 Aus dem Leben von Marie Steiner-
    von Sivers. Hg. von Hella Wiesber-
    ger, Dornach 1956, S. 88
186 GA 28, S. 454
187 GA 28, S. 425
188 GA 28, S. 428
189 GA 185, S. 145
190 GA 9, S. 172
191 GA 9, S. 176
192 GA 9, S. 181
193 GA 9, S. 186
194 GA 264, S. 280
195 GA 264, S. 270
196 GA 28, S. 451
197 GA 28, S. 444
198 Erinnerungen an Rudolf Steiner.
    Hg. von E. Beltle und K. Vierl,
    Stuttgart 1979, S. 57 f.
199 GA 28, S. 415
200 GA 34, S. 586
201 Krishnamurti selber hat die ihm zu-
    gedachte Rolle eines Messias später
    abgelehnt und 1929 den Orden des
    Sterns im Osten aufgelöst. Wohl-
    wollende, aber insgesamt informati-
    ve Darstellungen der Affäre: Mary
    Lutyens: Krishnamurti. Jahre des
    Erwachens. München 1981, sowie
    Gregory Tillet: The Elder Brother.
    A Biography of Charles Leadbea-
    ter. London 1982.
202 Insbesondere «The Theosophist»
203 Mitteilungen für Mitglieder der
    deutschen Sektion der Theosophi-
    schen Gesellschaft, Nr. 10, Januar
    1910, S. 5
204 Mitteilungen für Mitglieder,
    a. a. O., S. 13
205 GA 52, S. 52 ff.
206 GA 103, S. 121
207 GA 13, S. 293
208 Der Gesamtumfang der Christologie
    Steiners kann hier nicht entfaltet wer-
    den. Wie das *im Kosmos* biblisch zu
    verstehen ist, zeigen das Johannes-
    Evangelium 1,1–5 und Kolosser 1
209 GA 15, S. 80
210 Vgl. Klaus von Stieglitz: Die Christo-
    sophie Rudolf Steiners. Witten 1955,
    S. 240
211 GA 52. S. 87
212 GA 264, S. 417
213 GA 133, S. 167 f.
214 GA 142, S. 131
215 GA 144
216 GA 146
217 GA 125, S. 126
218 GA 14, S. 523 f.
219 GA 14, S. 524
220 GA 39, S. 455
221 GA 36, S. 308
222 GA 36, S. 327
223 GA 286; GA 287
224 GA 36, S. 312
225 GA 36, S. 309
226 Die verborgenen Seiten des Men-
    schendaseins. Dornach 1939
227 GA 36, S. 301
228 GA 115, S. 15–97
229 GA 45
230 Novalis: Schriften. Zweiter Band. Hg.
    von Richard Samuel, Darmstadt 1965,
    S. 584
231 GA 262, S. 301
232 GA 45, S. 9
233 GA 45, S. 10
234 GA 128
235 Teilweise veröffentlicht in B 34
236 GA 115, S. 101 ff.
237 GA 21, S. 150
238 Ebd.
239 Ebd.
240 GA 21, S. 151
241 Ebd.
242 GA 21, S. 152
243 GA 21, S. 153
244 GA 21, S. 156
245 GA 21, S. 160
246 GA 21, S. 160 f.
247 GA 21, S. 161
248 GA 156, S. 9
249 Ebd.
250 Friedrich Rittelmeyer: Meine Lebens-
    begegnung mit Rudolf Steiner. Stutt-
    gart ^{9}1980, S. 81
251 GA 185 a, S. 46
252 Ebd.
253 GA 23, S. 149

254 Vgl. u. a. GA 23, S. 147–156; GA 190, S. 174; GA 185 a, S. 28, S. 79; GA 194, S. 98
255 Vgl. Rittelmeyer: Meine Lebensbegegnung, a. a. O., S. 109–118
256 GA 24, S. 351
257 Ebd.
258 GA 24, S. 352 f.
259 GA 24, S. 369
260 Vgl. Rittelmeyer: Meine Lebensbegegnung, a. a. O., S. 118
261 GA 23, S. 157 ff.
262 Vgl. GA 328 und GA 329
263 GA 263/1, S. 28
264 GA 263/1, S. 29
265 GA 330/331, S. 25
266 GA 330/331, S. 50
267 GA 330/331, S. 198
268 Vortrag vom 3. März 1920, unveröffentlicht
269 Ansprache vom 13. März 1920, unveröffentlicht
270 GA 24, S. 460
271 GA 197, S. 93
272 GA 260 a, S. 442
273 Vortrag vom 25. Mai 1921, unveröffentlicht
274 GA 305, S. 203
275 Emil Molt: Entwurf meiner Lebensbeschreibung. Stuttgart 1972, S. 231
276 Molt: Entwurf, a. a. O., S. 206
277 GA 34, S. 309–348; GA 55, S. 118–139, GA 60, 8. Vortrag
278 GA 293, S. 209
279 GA 293 und GA 294
280 Vgl. Christoph Lindenberg: Waldorfschulen: Angstfrei lernen, selbstbewußt handeln. Reinbek bei Hamburg [19]1991, und Stefan Leber (Hg.): Die Pädagogik der Waldorfschule und ihre Grundlagen. Darmstadt [3]1992
281 GA 300/2, S. 108
282 GA 24, S. 85
283 GA 300/2, S. 14
284 GA 304 a, S. 25
285 Ebd.
286 GA 302 a, S. 69
287 GA 259, S. 226
288 GA 262, S. 61
289 GA 128
290 GA 334, S. 55
291 Goetheanum, 1. Jg., S. 331
292 GA 259, S. 255
293 GA 238, S. 83
294 GA 319, S. 220
295 Ansprache vom 24. Juni 1922, noch nicht in der GA
296 Ebd.
297 GA 259, S. 213
298 GA 262, S. 169
299 Max Hayek: Eine Begegnung mit Rudolf Steiner. In: Blätter für Anthroposophie, 13. Jg. 1961, S. 435
300 GA 300/2, S. 118
301 GA 303, S. 326
302 GA 300/2, S. 57
303 GA 300/2, S. 155
304 GA 175, S. 56
305 GA 36, S. 332
306 GA 260 a, S. 397
307 GA 219, S. 193
308 GA 259, S. 61
309 Assja Turgenieff: Erinnerungen an Rudolf Steiner. Stuttgart 1972, S. 107
310 GA 300/3, S. 18
311 GA 259, S. 281
312 GA 259, S. 277
313 GA 259, S. 255
314 GA 259, S. 113
315 GA 263/1, S. 117
316 GA 257, S. 196
317 Vgl. Emanuel Zeylmans: Willem Zeylmans van Emmichoven. Arlesheim 1979, S. 124
318 GA 229 und GA 230
319 GA 231
320 GA 232
321 GA 259, S. 736
322 GA 260 a, S. 31
323 Ebd.
324 GA 260 a, S. 32
325 GA 259, S. 353
326 GA 260 a, S. 31
327 GA 260, S. 61
328 GA 327
329 GA 260 a, S. 317
330 GA 317, S. 74
331 Guenther Wachsmuth: Rudolf Steiners Erdenleben und Wirken. Dornach 1951, S. 593
332 GA 317, S. 188
333 GA 257, S. 76
334 Vgl. Meister Eckehardt: Deutsche Predigten und Traktate. Hg. und übersetzt von Joseph Quint, München 1963, S. 323
335 GA 26, S. 42
336 GA 26, S. 43
337 Ebd.
338 GA 26, S. 44
339 GA 26, S. 44 f.
340 GA 260 a, S. 400
341 GA 262, S. 266

Zeittafel

1861	25. oder 27. Februar: Rudolf Joseph Lorenz Steiner wird in Kraljevec, damals Ungarn, heute Kroatien, als erstes Kind des Bahntelegraphisten Johann Steiner und seiner Frau Franziska, geb. Blie, geboren
1863	Kindheit in Pottschach, N. Ö., wo der Vater Stationsvorsteher ist
1869	Der Vater wird nach Neudörfl (damals Ungarn, heute Burgenland) versetzt
	Steiner besucht bis 1872 die Dorfschule
1872	Oktober: Besuch der Realschule (Naturwissenschaftliches Gymnasium) in Wiener Neustadt
1877	Beginn des Kant-Studiums
1879	Juli: Maturaprüfung mit Auszeichnung bestanden. Erster Besuch Wiens, Umzug nach Oberlaa. Fichte-Studien
	Oktober: Beginn des Studiums an der Technischen Hochschule Wien: Mathematik, Physik, Naturgeschichte. Steiner hört Literatur-Vorlesungen bei Karl Julius Schröer
1882	Steiner wird mit der Herausgabe von Goethes naturwissenschaftlichen Schriften in der von Joseph Kürschner herausgegebenen Sammlung «Deutsche National-Litteratur» betraut
1884	Der von Steiner herausgegebene Band der morphologischen Schriften Goethes erscheint. Steiner wird Hauslehrer bei Familie Specht, Wien
1886	*Grundlinien einer Erkenntnistheorie der Goetheschen Weltanschauung*
1888	Januar – Juli: Steiner redigiert die «Deutsche Wochenschrift». Studien zur Ästhetik
1889	Juli/August: Reise nach Weimar, Berlin, Stuttgart, München
1890	März: Begegnung mit Rosa Mayreder
	1. Oktober: Beginn der Mitarbeit im Goethe- und Schiller-Archiv, Weimar. Herausgabe der naturwissenschaftlichen Schriften Goethes mit Ausnahme der Farbenlehre und der Schriften zur Osteologie
1891	Promotion zum Doktor der Philosophie in Rostock. Thema der Dissertation: Die Grundfrage der Erkenntnistherorie mit besonderer Rücksicht auf Fichtes Wissenschaftslehre
1893	November: *Die Philosophie der Freiheit* erscheint
1894	Frühjahr: Begegnung mit Elisabeth Förster-Nietzsche
1895	*Friedrich Nietzsche, ein Kämpfer gegen seine Zeit*
1896	Ende der Mitarbeit am Goethe- und Schiller-Archiv
1897	*Goethes Weltanschauung*. 1. Juli: Steiner übernimmt mit Otto Erich Hartleben die Redaktion des «Magazin für Litteratur» und zieht nach Berlin.

	Reger Verkehr in der Freien literarischen Gesellschaft und in der Freien dramatischen Gesellschaft
1899	Beginn der Kurse und Übungen an der Berliner Arbeiterbildungsschule. Oktober: Heirat mit Anna Eunike
1900	*Haeckel und seine Gegner. Welt- und Lebensanschauungen im 19. Jahrhundert. 1. Band.* Rege Mitarbeit im Kreis der Kommenden und im Giordano Bruno-Bund

1899 Beginn der Kurse und Übungen an der Berliner Arbeiterbildungsschule. Oktober: Heirat mit Anna Eunike

1900 *Haeckel und seine Gegner. Welt- und Lebensanschauungen im 19. Jahrhundert. 1. Band.* Rege Mitarbeit im Kreis der Kommenden und im Giordano Bruno-Bund
September: Beginn der Vorträge in der Theosophischen Bibliothek. 29. September: Ende der Redaktionstätigkeit für das «Magazin für Litteratur»
2. Dezember: Tod Ludwig Jacobowskis
Welt- und Lebensanschauungen im 19. Jahrhundert. 2. Band

1901 *Die Mystik im Aufgange des neuzeitlichen Geisteslebens*
Oktober: Steiner nimmt die Vorträge in der Theosophischen Bibliothek wieder auf. Vorträge im Kreis der Kommenden

1902 *Das Christentum als mystische Tatsache und die Mysterien des Altertums*
Januar: Steiner wird Mitglied der Theosophischen Gesellschaft (Adyar). 19. Oktober: Gründung der deutschen Sektion der Theosophischen Gesellschaft. Steiner wird Generalsekretär. Beginn der Freundschaft und Zusammenarbeit mit Marie von Sivers

1903 Gründung und Herausgabe der Zeitschrift *Luzifer*, später *Lucifer-Gnosis*

1904 *Theosophie.* Im Juni: Beginn der Aufsatzfolge: *Wie erlangt man Erkenntnisse der höheren Welten?*
Im Juli: *Aus der Akasha-Chronik.* Beginn der Vortragsreisen durch Deutschland
Anfang Mai: Steiner in London bei Annie Besant, die ihn zum Leiter der Esoterischen Schule in Deutschland ernennt
Juni: Steiner spricht auf dem Theosophischen Kongreß in Amsterdam

1905 Ausdehnung der Vortragsreisen – 25 Städte in Deutschland und der Schweiz werden besucht

1906 Beginn der Vortragszyklen. Mai/Juni: 16 Vorträge in Paris, Juni/Juli: 14 Vorträge in Leipzig, August/September: 14 Vorträge in Stuttgart

1907 Mai: Theosophischer Kongreß der europäischen Sektionen in München
Versuch künstlerischer Gestaltung. Aufführung von Édouard Schurés «Das heilige Drama von Eleusis». Trennung der Arbeitsfelder von Annie Besant und Steiner. – Weitere Vortragsreisen und Vortragszyklen

1908 Vortragsreisen in Deutschland, Holland und Skandinavien

1909 Vortragsreisen. Vortragszyklen u. a. in Rom, Oslo, Budapest
August: München, Inszenierung «Die Kinder des Luzifer» von Édouard Schuré. Erweiterung und Vertiefung christologischer Themen

1910 *Die Geheimwissenschaft im Umriß.* August: Steiner inszeniert sein Mysteriendrama *Die Pforte der Einweihung* in München. Vortragsreisen und -zyklen in Deutschland, Skandinavien, Österreich und Italien. Themen: Die Wiederkunft Christi, Volksseelenerkenntnis, Evangelienbetrachtungen

1911 *Die geistige Führung des Menschen und der Menschheit.* Anna Steiner stirbt am 19. März. Anfang des Jahres erkrankt Steiners wichtigste Mitarbeiterin Marie von Sivers schwer. Steiner schränkt seine Vortragstätigkeit ein

	August: München, Inszenierung des zweiten Mysteriendramas *Die Prüfung der Seele* Herbst: Aufbrechen des Konflikts mit Annie Besant, die Krishnamurti als künftigen Weltlehrer («Christus») propagiert. Vortragsreisen und -zyklen
1912	*Ein Weg zur Selbsterkenntnis des Menschen.* Vortragsreisen und -zyklen, u. a. in Helsingfors, Oslo, Basel August: München, Inszenierung des dritten Mysteriendramas *Der Hüter der Schwelle.* Erste Schritte zur Begründung der Anthroposophischen Gesellschaft. Erste Unterweisungen zur Eurythmie
1913	2./3. Februar: Konstituierung der Anthroposophischen Gesellschaft (Ausschluß aus der Theosophischen Gesellschaft). *Die Schwelle der geistigen Welt.* Vortragszyklen u.a. in Den Haag, Helsingfors, Oslo August: Inszenierung des vierten Mysteriendramas *Der Seelen Erwachen* in München. 20. September: Grundsteinlegung für den Bau des Goetheanum in Dornach
1914	Dornach wird zum neuen Zentrum der Aktivitäten Steiners. Bis 1918 bleibt Berlin deutsches Zentrum. Die Bauleitung und ab August der Krieg bedingen eine Einschränkung der Vortragsreisen 24. Dezember: Eheschließung mit Marie von Sivers. *Die Rätsel der Philosophie*
1915	Mit eingeschränkten Mitteln wird der Bau in Dornach, an dem Angehörige verfeindeter Nationen zusammenarbeiten, während des ganzen Krieges fortgeführt. Weiterentwicklung der Eurythmie und Inszenierung von Szenen aus Goethes «Faust»
1916	*Vom Menschenrätsel*
1917	*Von Seelenrätseln.* Ideen zur Dreigliederung des menschlichen und des sozialen Organismus Juli/August: Versuch, in die deutsche Kriegsziel-Diskussion einzugreifen
1919	*Die Kernpunkte der sozialen Frage.* April/Juni: Dreigliederungsaktion in Württemberg September: Begründung der Freien Waldorfschule in Stuttgart. Stuttgart wird nun neben Dornach zum zweiten Zentrum der Aktivitäten Steiners
1920	Kurse zur Naturwissenschaft, Medizin und Pägagogik. Beratung der wirtschaftlichen Unternehmen Der Kommende Tag und Futurum AG September/Oktober: Eröffnung des Goetheanum durch dreiwöchigen Hochschulkurs anthroposophisch orientierter Redner. Steiner im Zentrum kirchlicher, nationaler und wissenschaftlicher Angriffe
1921	Wiederaufnahme der durch den Krieg unterbrochenen Vortragsreisen in die Niederlande und nach Norwegen. Fortsetzung der Kurs- und Beratungstätigkeit
1922	Höhepunkt der öffentlichen Vortragstätigkeit in Deutschland, Österreich (Kongreß in Wien), drei Reisen nach England: Stratford-on-Avon, Oxford, London und zwei Reisen nach Holland September: Mitwirkung bei der Begründung der Christengemeinschaft 31. Dezember/1. Januar 1923: Zerstörung des Goetheanum durch Brandstiftung
1923	Versuche, die Anthroposophische Gesellschaft zu aktivieren. Gründung von Landesgesellschaften in Deutschland, Norwegen, England, Österreich

und den Niederlanden. In Schweden und der Schweiz bestehen bereits Landesgesellschaften. Einschneidende Zurücknahme der öffentlichen Vortragstätigkeit mit Ausnahme pädagogischer Kurse und Vorträge 24. Dezember – 1. Januar 1924: Begründung der Allgemeinen Anthroposophischen Gesellschaft in Dornach am Goetheanum. Rudolf Steiner übernimmt Leitung und Vorsitz der Gesellschaft

1924   Bis Ende September: Steigerung der internen Kurstätigkeit. Begründung der biologisch-dynamischen Landwirtschaft durch den «Landwirtschaftlichen Kurs», der Heilpädagogik durch den «Heilpädagogischen Kurs». Kurse zur Pädagogik, zur Ausgestaltung der Eurythmie, für Sprachgestaltung und Dramaturgie, Kurse für Mediziner, für Priester der Christengemeinschaft. Vorträge über das Schicksal (Karma) und esoterische Unterweisungen für Mitglieder der Freien Hochschule. Reisen nach Stuttgart, Prag, Paris, Breslau, Arnheim, Den Haag, Torquay und London 28. September: Letzter Vortrag. Eine Erschöpfung, die sich schon seit Januar 1923 ankündigte, zwingt Rudolf Steiner aufs Krankenlager, wo er seine Arbeit fortsetzt

1925   *Briefe an die Mitglieder. Grundlegendes zur Erweiterung der Heilkunst. Mein Lebensgang*
30. März: Rudolf Steiner stirbt in seinem Atelier am Goetheanum

Zeugnisse

Es scheint mir, daß Sie dasjenige, was der Geist des Menschen jahrtausendelang in geheimnisvollen, phantastischen, abstrusen Bildern und Zeremonien auszudrükken strebte, zum ersten Mal in das Gebiet der Vernunft erhoben und ihm klare, begriffliche Formulierungen verliehen haben. Und ich betrachte Ihren Geist als die Frucht einer langen Entwicklungsreihe und Ihr philosophisches System als das endliche Gelingen eines oftmals und in mannigfaltigsten Formen angestellten Versuches.

Rosa Mayreder an Steiner, 1894

Gespräch mit Dr. Steiner. Das Beisammensein mit ihm erinnert mich immer an jene Geschichte von dem Besucher einer Irrenanstalt, der durch einen sehr versierten, sehr gescheiten, sehr angenehmen Menschen herumgeführt wird, weshalb er ihn für den Arzt der Anstalt hält. Zum Schluß stellt derselbe ihm noch einen Patienten vor, indem er sagt: «Die Krankheit dieses Menschen besteht darin, daß er sich für den Kaiser von China hält – und das bin doch ich, wie Sie sehen!» Unsere Gespräche stimmen solange überein, bis er auf sich und seine Tätigkeit zu sprechen kommt – da wird er plötzlich der Kaiser von China.

Rosa Mayreder: Tagebuch 1918

Ich verdanke diesem hervorragenden Geiste und seinem unglaublich ausgebreiteten Wissen eine Fülle von Gedanken und Anregungen auf philosophischem Gebiet. Besonders lehrte er mich Goethe in einer ganz neuen Weise kennen. Von dem naturwissenschaftlichen Propheten im Dichter hatte ich bisher noch nichts gewußt. Ein Gedanke Steiners ist mir viel nachgegangen: die Forderung von moralischer und religiöser Phantasie – an der es unserem heutigen Geschlecht so sehr mangele. Rudolf Steiner hat diese moralische und religiöse Phantasie in seiner späteren Entwicklung reich betätigt. Man mag über die Anthroposophie denken, wie man will, und viele Einwände gegen sie erheben – ein Verdienst muß man Steiner zuerkennen: Er hat Hunderten von Menschen aus hoffnungsloser Dürre zu einem Leben voll vertieften geistigen Inhalts verholfen.

Gabriele Reuter, 1921

Hier, in Rudolf Steiner... begegnete ich nach Theodor Herzl zum erstenmal wieder einem Mann, dem vom Schicksal die Mission zugeteilt werden sollte, Millionen Menschen Wegweiser zu werden. Persönlich wirkte er nicht so führerhaft wie Herzl, aber mehr verführerisch. In seinen dunklen Augen wohnte eine hypnotische Kraft, und ich hörte ihm besser und kritischer zu, wenn ich nicht auf ihn blickte, denn sein asketisch-hageres, von geistiger Leidenschaft gezeichnetes Antlitz war wohl angetan, nicht nur auf Frauen überzeugend zu wirken. Rudolf Steiner war in jener Zeit noch nicht seiner eigenen Lehre nahegekommen, sondern selbst noch ein Suchender und Lernender; gelegentlich trug er uns Kommentare zur Farbenlehre Goethes vor, dessen Bild in seiner Darstellung faustischer, paracelsischer wurde. Es war aufregend, ihm zuzuhören, denn seine Bildung war stupend und vor allem gegenüber der der unseren, die sich allein auf Literatur beschränkte, großartig vielseitig; von seinen Vorträgen und manchem guten privaten Gespräch kehrte ich immer zugleich begeistert und etwas niedergedrückt nach Hause zurück.

Stefan Zweig über Steiner im Kreis der Kommenden, 1944

Uns Schülern, besonders uns Arbeiterschülern, war er ein opferfreudiger Freund, der etwa fünf Jahre hindurch jede Woche zwei Abende in der Arbeiterbildungsschule gelehrt hat. Hätten vaterländisch begeisterte deutsche Akademiker damals sich so hingebend und herzlich der jungen Arbeiterschaft angenommen, so wären die letzten zwanzig Jahre für Deutschland anders verlaufen. Ein so vielseitig begabter Mann wie Steiner hat diesen mühevollen Unterricht bestimmt nicht des kärglichen Honorars wegen erteilt, sondern weil es ihm Freude bereitet hat und die Schüler ihn vergötterten.

Emil Unger-Winkelried, 1934

...und wenn uns Steiner nichts anderes verschafft hätte als «das Erlebnis des Lehrers», es wäre schon genug. Es gibt in der ganzen heutigen Kulturwelt keinen größeren geistigen Genuß, als diesem Mann zuzuhören, als sich von diesem unvergleichlichen Lehrer «Vortrag halten zu lassen».

Christian Morgenstern an Friedrich Kayssler, August 1913

Sein Wirken wurde – bis in die Vortragsweise hinein – durch die Bedürfnisse seiner Schüler bestimmt. Er hatte nichts für abstrakte Dogmen übrig; das, was er klar wußte und detailliert wußte, das teilte er sein ganzes Leben hindurch mit, indem er es in die Sprachen der verschiedenen Kultursphären übersetzte; den babylonischen Turmbau der Fachrichtungen harmonisierte er zu der Symphonie eines gemeinsamen Werkes; und er bemühte sich, diesem gemeinsamen Werk zuliebe allen Alles zu sein.

Andrej Belyj, 1929

Das Leben Rudolf Steiners habe ich fort und fort in herzlicher Teilnahme verfolgt. Die Erfolge bis zum ersten Kriege, die Probleme und Nöte, die dieser mit sich brachte, das tapfere Bemühen, in den Wirren der Nachkriegszeit durch die Verkündung der Lehre von der Dreigliederung des sozialen Organismus Ordnung aufkommen zu lassen, das Gelingen der Gründung des Goetheanums in Dornach, wo seine Gedankenwelt eine Heimat fand, der Schmerz, den ihm dann Vernichtung durch Feuer in der Silvesternacht 1922 und 1923 brachte, der Mut, mit dem er den Wiederaufbau betrieb und zuletzt die seelische Größe, die er in unermüdlichem Lehren und Schaffen in der Leidenszeit der letzten Monate, die er auf Erden weilte, bewährte. Er seinerseits hat auch mich nicht aus dem Auge verloren.

Albert Schweitzer, 1960

Bibliographie

Bibliographie und Hilfsmittel

Bibliographische Übersicht. Das literarische und künstlerische Werk von Rudolf
  Steiner. Hg. von EMIL MÖTTELI und HELLA WIESBERGER. Dornach 1985
SCHMIDT, HANS: Das Vortragswerk Rudolf Steiners. Dornach 1978
ARENSON, ADOLF: Leitfaden durch 50 Vortragszyklen Rudolf Steiners. 1930, weite-
  re Auflagen
LINDENBERG, CHRISTOPH: Rudolf Steiner. Eine Chronik 1861–1925. Stuttgart 1988

Werke

Seit 1956 erscheint die «Rudolf Steiner-Gesamtausgabe», hg. von der Rudolf Steiner-Nachlaßverwaltung, Dornach. Von den vorgesehenen ca. 340 Bänden lagen
Ende 1991 etwa 310 Bände vor. Diese Gesamtausgabe ist eine Lese- und Studien-
ausgabe, keine historisch-kritische Edition. Bei den «Schriften» wird im folgenden
das ursprüngliche Erscheinungsjahr angegeben; wo zwei Erscheinungsjahre erscheinen, handelt es sich um das Erscheinungsjahr der ursprünglichen und der
jetzt vorliegenden, wesentlich veränderten Neuauflage.

Die Ziffern vor den Titeln entsprechen den Bandnummern in der «Rudolf Steiner-Gesamtausgabe».

Abteilung A: Schriften

I. Werke

1 Goethes naturwissenschaftliche Schriften, eingeleitet und kommentiert von R.
   Steiner, 1884–1897, Nachdruck 1975
2 Grundlinien einer Erkenntnistheorie der Goetheschen Weltanschauung, 1886
3 Wahrheit und Wissenschaft, 1892
4 Die Philosophie der Freiheit, 1893, 1918
5 Friedrich Nietzsche, ein Kämpfer gegen seine Zeit, 1895
6 Goethes Weltanschauung, 1897, 1918
7 Die Mystik im Aufgange des neuzeitlichen Geisteslebens, 1901
8 Das Christentum als mystische Tatsache und die Mysterien des Altertums,
   1902, 1910

154

Abteilung B. Das Vortragswerk

Von Steiner größtenteils nicht durchgesehene Nachschriften von sehr unterschiedlicher Authentizität.

Seit 1961 erscheinen die «Beiträge zur Rudolf Steiner-Gesamtausgabe» u. a. mit Materialien und Beiträgen zum Werk und Leben Rudolf Steiners.

Erinnerungen von Zeitgenossen

BELTLE, ERIKA, und KURT VIERL (Hg.): Erinnerungen an Rudolf Steiner. Stuttgart 1979

BELYJ, ANDREJ: Verwandeln des Lebens, Basel 1975

HAHN, HERBERT: Rudolf Steiner. Stuttgart 1961

HIEBEL, FRIEDRICH: Entscheidungszeit mit Rudolf Steiner. Dornach 1986

KISSELEFF, TATIANA: Eurythmie-Arbeit mit Rudolf Steiner. Basel 1982

KLEEBERG, LUDWIG: Wege und Worte. Stuttgart 1961

KRÜCK VON POTURZYN, M. J. (Hg.): Wir erlebten Rudolf Steiner. Stuttgart 1961

KÜHN, HANS: Dreigliederungszeit. Dornach 1978

LEHRS, ERNST: Gelebte Erwartung. Stuttgart 1979

LEINHAS, EMIL: Aus der Arbeit mit Rudolf Steiner. Basel 1950

MOLT, EMIL: Entwurf meiner Lebensbeschreibung. Stuttgart 1972

MÜCKE, JOHANNA, und ALWIN RUDOLPH: Erinnerungen an Rudolf Steiner und seine Wirksamkeit an der Arbeiterbildungsschule. Basel 1955

POLZER-HODITZ, LUDWIG: Erinnerungen an Rudolf Steiner. Dornach 1985

RITTELMEYER, FRIEDRICH: Meine Lebensbegegnung mit Rudolf Steiner. Stuttgart 1928, [10]1983

STEFFEN, ALBERT: Begegnungen mit Rudolf Steiner. Dornach 1975

TURGENIEFF, ASSJA: Erinnerungen an Rudolf Steiner. Stuttgart 1972

WOLOSCHIN, MARGARITA: Die grüne Schlange. Stuttgart 1955

Darstellungen

BOCK, EMIL: Rudolf Steiner. Studien zu seinem Lebensgang und Lebenswerk. Stuttgart 1961, erw. [3]1990

EASTON, STEWART C.: Rudolf Steiner: Herald of a New Epoch. New York 1980

HECKER, JUTTA: Rudolf Steiner in Weimar. Dornach 1988

KUGLER, WALTER: Rudolf Steiner und die Anthroposophie. Köln 1978

LINDENBERG, CHRISTOPH: Rudolf Steiner. Eine Biographie. Stuttgart 1997 (2 Bde.)

SHEPHERD, A. P.: A Scientist of the Invisible. London 1954

WACHSMUTH, GUENTHER: Rudolf Steiners Erdenleben und Wirken. Dornach 1964

WEHR, GERHARD: Rudolf Steiner. Leben. Erkenntnis. Kulturimpuls. München 1987

WIESBERGER, HELLA: Marie Steiner-von Sivers. Eine biographische Dokumentation. Dornach 1988

ZEYLMANS VAN EMMICHOVEN, F. W.: Rudolf Steiner. Stuttgart 1961

Bildbände zu Rudolf Steiners Lebensgang

I.   Die Jugendzeit Rudolf Steiners in Österreich 1861–1890. Hg. von WILHELM RATH. Schaffhausen 1971

II. Das Wirken Rudolf Steiners von 1890–1907. Hg. von GEORG HARTMANN. Schaffhausen 1975

III. Das Wirken Rudolf Steiners 1907–1917. Hg. von WOLFRAM GRODDECK. Schaffhausen 1980

IV. Das Wirken Rudolf Steiners 1917–1925. Hg. von HEINZ HERBERT SCHÖFFLER. Dornach 1987

Untersuchungen

BOCKEMÜHL, MICHAEL: Die Goetheanumbauten in Dornach. Stuttgart 1985

BOEGNER, KARL: Rudolf Steiner als Herausgeber und Redakteur von «Lucifer-Gnosis». In: die Drei, 1985, S. 619–641

EPPELSHEIMER, RUDOLF: Das Geistige in der modernen Kunst. Kandinsky und Rudolf Steiner. In: die Drei, 1977, S. 490–511

GASSNER, HUBERTUS, und WOLFGANG KERSTEN: Physikalisches Weltbild und abstrakte Bildwelten bei Wassily Kandinsky. In: Moderne Kunst I. Hg. von Monika Wagner. Reinbek bei Hamburg 1991

HEMLEBEN, JOHANNES: Rudolf Steiner und Ernst Haeckel. Stuttgart 1965

HOFFMANN, DAVID MARC: Zur Geschichte des Nietzsche-Archivs. Berlin 1991 (ausführlich über Steiner und Nietzsche)

KUGLER, WALTER: Zeichen des Aufbruchs – Rudolf Steiner im Kreis der «Kommenden». In: die Drei, 1985, S. 607–618

LINDENBERG, CHRISTOPH: Individualismus und offenbare Religion. Rudolf Steiners Zugang zum Christentum. Stuttgart 1970, erweiterte Neuauflage 1995

LINDENBERG, CHRISTOPH: Der geschichtliche Ort der Dreigliederungsinitiativen Rudolf Steiners. In: die Drei, 1985, S. 641–672

LINDENBERG, CHRISTOPH: Rudolf Steiner und die geistige Aufgabe Deutschlands. In: die Drei, 1989, S. 880–905

PICHT, C. S.: Aus der Schulzeit Rudolf Steiners. In: C. S. PICHT: Gesammelte Aufsätze. Stuttgart 1964

RAUB, WOLFHARD: Rudolf Steiner und Goethe. Diss. Kiel 1963

SCHMELZER, ALBERT: Die Dreigliederungsbewegung 1919. Stuttgart 1991

STIEGLITZ, KLAUS VON: Die Christosophie Rudolf Steiners. Witten 1955

Namenregister

Die kursiv gesetzten Zahlen bezeichnen die Abbildungen

Über den Autor

Christoph Lindenberg, Jahrgang 1930, wuchs im Landschulheim am Solling bei Holzminden auf, studierte in Göttingen und Freiburg und war von 1955 bis 1980 Waldorflehrer. Seit 1980 arbeitet er als Historiker und lehrt am Seminar für Waldorfpädagogik in Stuttgart.

Veröffentlichungen: Individualismus und offenbare Religion. Rudolf Steiners Zugang zum Christentum, 1970; Waldorfschulen: angstfrei lernen, selbstbewußt handeln. Reinbek bei Hamburg 1975 (rororo Sachbuch 6904); Die Technik des Bösen. Zur Vorgeschichte und Geschichte des Nationalsozialismus. Stuttgart 1978; Die Lebensbedingungen des Erziehens. Reinbek bei Hamburg 1981; Geschichte lehren. Stuttgart 1981; Vom geistigen Ursprung der Gegenwart. Stuttgart 1984; Rudolf Steiner – eine Chronik. Stuttgart 1988; Motive der Weihnachtstagung im Lebensgang Rudolf Steiners, Stuttgart 1994.

Quellennachweis der Abbildungen

Philosophisch-Anthroposophischer Verlag am Goetheanum, Dornach: Foto Rietmann, St. Gallen, © Verlag am Goetheanum: 6, 63, 99, 115, 135, 140; Vorlagen: 18, 22, 56, 78, 83, 87, 93, 102, 103, 112, 121, 125, 130, 133

Archiv Rudolf Steiner-Nachlaßverwaltung, Dornach: 9, 13, 16, 23, 26, 28, 29, 32, 43, 44, 45, 51, 58, 60, 67, 69, 98, 108, 113, 117, 139

Privatsammlung: 10, 12, 73, 88, 89, 107, 127

Aus: Mitteilungen zur anthroposophischen Gesellschaft Nr. 51 (Ostern 1972), Basel: 15

Aus: Carl E. Schorske: Wien. Geist und Gesellschaft im Fin de Siècle. Frankfurt a. M. 1982: 20

Bild-Archiv der Österreichischen Nationalbibliothek, Wien: 30, 33

Privatbesitz: 41, 64, 142

Klaus G. Beyer, Weimar: 42

Universität Rostock: 47

Helmut Geisert, Berlin: 55

© Friedrich Bergmann, Niefern-Öschelbronn: 101

Michael Heidenreich, Engelsbrand: 129